Henning Sietz

Radtouren mit Kindern an der Ostseeküste

Henning Sietz

Radtouren mit Kindern an der Ostseeküste

76 Farbabbildungen,
30 Tourenkarten und
eine Übersichtskarte

STEIGER VERLAG

Nykøbing
Dänemark
Rødbyhavn
Fehmarn Belt
Gedser
Puttgarden
Fehmarn
13
12
Prerow
Ostseebad
Ahrenshoop
11
Mecklenburger
Bucht
Ostseebad
Graal-Müritz
10
Ribnitz
Damgart
Warnemünde
Marlow
Ostseebad
Kühlungsborn
9
8
7
6
Lübecker
Bucht
Bad Doberan
ROSTOCK
Sanitz
Tessin
Poel
Boltenhagen
5
1
4
Klütz
Schwaan
Wismar
Laage
2
Bützow
Greves-
mühlen
Mecklenburg
Teterow
3
Warin
Güstrow
Schweriner
See
Eichsen
Malchiner
See
Dabe
Schwerin
Goldberg
Crivitz
Karow

Ostsee
Wittow
22
15
Hiddensee
16
23
Saßnitz
Rügen
14
Bergen
Binz
19
Barth
Rambin
Putbus
20
17
18
Göhren
21
Stralsund
Swantow
Greifswalder
Oie
Greifswalder
Bodden
Ruden
Richtenberg
Koos
Peenemünde
25
24
Grimmen
Zinnowitz
Greifswald
Wolgast
27
26
Herings-
dorf
28
29
Peene
Loitz
Lassan
Usedom
30
Demmin
Anklam
Stettiner
Haff
Meetschow
Burow
Boldekow
Malchin
Ueckermünde
Gielow
Altentreptow
Friedland
Neubrandenburg
Pasewalk

Der Autor:
Henning Sietz ist Autor von Reiseführern und -handbüchern. In den letzten Jahren entdeckte er mit Kindern radelnd die Ostseeküste. Die Touren dieses Bandes sind alle aktuell recherchiert und fotografiert.

Die Deutsche Bibliothek – CIP Einheitsaufnahme

Radtouren mit Kindern an der Ostseeküste / Henning Sietz. - Augsburg : Steiger, 1996
(Steiger-Radführer)
ISBN 3-89652-007-5
NE: Sietz, Henning

Gedruckt auf chlorfrei gebleichtem Papier.

Steiger Verlag

Kartenskizzen: Ingenieurbüro für Kartographie Heidi Schmalfuß, München
Layoutentwurf: VerlagsService Dr. Helmut Neuberger & Karl Schaumann, Heimstetten
Satz und Layout: Gesetzt aus 10/11 pt Futura von Engelbert Kaletka, Weltbild Verlag, Augsburg
Umschlaggestaltung: Steinkämper Grafikdesign, Igling

Einbandvorderseite: Hiddensee; S.1: Radfahrende Familie in Heiligendamm; S.2/3: Königsstuhl auf Rügen
Einbandrückseite: IFA-Bilderteam, München/Foto Heinz Koch; alle anderen Aufnahmen stammen von Henning Sietz, Hamburg
Reproduktion: litoservice, Bozen
Druck und Bindung: Interdruck, Leipzig
Printed in Germany

ISBN 3-89652-007-5

Inhaltsverzeichnis

Allgemeine Informationen

Einführung

Allgemeines zum Tourengebiet

Die nachfolgend beschriebenen Radtouren liegen ausnahmslos in einem Gebiet, das von der letzten Eiszeit geformt wurde. Die sanft gewellte Landschaft bei **Boltenhagen** oder um **Rerik** und **Kühlungsborn** setzt sich aus *Grundmoränen* zusammen, die unter den gewaltigen Eismassen »abgehobelt« wurden. Die steileren Hügel bei **Göhren** und **Sellin** auf Rügen, bei **Koserow** und **Kammike** auf Usedom sind dagegen *Endmoränen* – von den Gletschern zusammengeschobene Geröll- und Schuttmassen. Oft liegen sie eng gestaffelt hintereinander – wie in der **Granitz** auf Rügen – und fordern dem Radfahrer einiges an Kraft und Ausdauer ab. So platt und flach ist die Ostseeküste gar nicht – mancher Besucher aus dem Süden Deutschlands, der »richtige« Gebirge gewohnt ist, wird staunen.

Auch die See hat das Land gestaltet, sei es durch Abbruch der Küste, sei es durch Anlandung des von ihr abgetragenen Sandes an anderen Stellen. Hier offenbart die Ostseeküste ihren ganzen **Formenreichtum**: Da geht Sandstrand in Kies- und Geröllstrand über, wird zum Blockstrand mit tonnenschweren »Geschieben«. Vordüne wird zum Hochufer, das allmählich in Steilküste mit Kliffpartien übergeht. Und dann die vorspringenden Ufer: Der »Ort«, der einfache Küstenvorsprung, wird zum Höftland oder zum Kap.

Ein geschlossenes Radwegenetz gibt es an der Mecklenburg-Vorpommerschen Ostseeküste nur an wenigen Stellen. Vorbildlich sind die Radwege auf **Fischland-Darß-Zingst**, **Hiddensee** und **Usedom** ausgebaut, auch die Landschaft zwischen **Rerik** und **Warnemünde** ist

Vorpommersche Ostseeküste, wie sie schöner nicht sein könnte: Auf der Insel Hiddensee fällt das Kliff des Dornbuschs 70 Meter steil zum steinigen Strand ab.

recht gut für Radler erschlossen. Auf Rügen gibt es leider nur in einigen Regionen ein Radwegenetz, vor allem in der **Granitz** und auf dem **Mönchgut**.
Radfahren kann man eigentlich zu jeder Jahreszeit, mit Ausnahme der Wintermonate – wenn vereiste oder verschneite Straßen und Wege aus dem sportlichen Freizeitvergnügen ein ebenso ungemütliches wie gefährliches Unterfangen machen können. Im Juli und August, wenn vielleicht wieder einer der »Jahrhundertsommer« herrscht, wird man wohl eher im Wald radeln wollen, Baden inbegriffen. Für die meisten der Touren aber gilt, daß die Monate im Frühjahr und Herbst die angenehmste Zeit sind. Vor »schattenfreien« Touren ist im Hochsommer abzuraten, es sei denn, man sorgt für entsprechenden Sonnenschutz. Dieser ist, ebenso wie Insektenschutz, generell für jede Tour zu empfehlen. Wo sie ganz besonders wichtig sind, wird extra darauf hingewiesen.
Die Touren finden sämtlich im Bereich der Ostsee statt. Sofern Wegmarkierungen (Wm.) vorhanden sind, wird darauf natürlich genau hingewiesen.
Gezeiten machen sich hier nicht bemerkbar, oft genug hat man aber mit Deichen, Dünen, Küstenschutzmaßnahmen usw. zu rechnen. Die Themen Fischerei und Schiffahrt spielen also in den meisten Touren eine gewisse Rolle; so kommen Sie zum Beispiel oft an **Fischerei- und Sporthäfen** vorbei. Der Fischfang spielt immer noch eine bedeutende Rolle: Man sieht es in den zahllosen kleinen Häfen, bemerkt es in den Restaurants – Fischgerichte stehen ganz oben und sind oft in der Überzahl.
Häufig haben Sie bei den Touren auch die Möglichkeit zu varriieren, so können Sie beispielsweise eine Tour abkürzen oder eine Strecke mit der Bahn, zum

Beispiel mit dem beliebten »Rasenden Roland«, zurücklegen. Alle Varianten sind natürlich genau beschrieben.
Die Stichpunkte vor und nach jeder Tour bieten Ihnen auf einen Blick die wichtigsten Informationen.
Abschließend noch ein Hinweis zur Landessprache: Besonders Besucher aus südlichen Gefilden werden den Einheimischen genau auf die Lippen schauen müssen – denn bevorzugt in den Dörfern wird das Plattdeutsche noch gepflegt – *hier snackt man platt...*

Freizeitangebote für Kinder

Die Ostseeküste zeigt in Mecklenburg-Vorpommern ihren ganzen Formenreichtum – zur Freude der kleinen Feriengäste, die außer radeln und baden auch mal klettern und spielen wollen. Für Kin-

Wer hat die schönste Tür im ganzen Dorf? Die Bewohner von Prerow wissen es genau: Ihre farbenfrohen Haustüren sind einzigartig auf dem Darß.

der gibt es viel zu entdecken. Da wären die Seebrücken, die nach der Wiedervereinigung Deutschlands, der Wende, wieder gebaut wurden. Zur Zeit sind es an der Mecklenburg-Vorpommerschen Ostseeküste weit über ein Dutzend.
In fast jedem Hafen werden Schiffsrundfahrten angeboten, oft auf alten Fischkuttern. Auch die Leuchttürme sind immer interessant, besonders, wenn man sie besteigen darf. Außerdem ist jeder Strand ein Spielplatz – und das nicht nur zum Sandburgenbauen. An den blockreichen Stränden liegen nämlich jede Menge runder Steine in allen Größen herum – Granit und Gneis, Diabas und Kalkstein. Wer fleißig sucht, findet Bernstein und Donnerkeile, das sind kegelförmige Reste einer Tintenfischart, sonderbare Formen der Feuersteine sowie Schreibkreide.

Die abwechslungsreichsten Radtourengebiete sind – von West nach Ost – Insel Poel, das Gebiet zwischen Rerik und Warnemünde, Fischland-Darß-Zingst, Hiddensee, Südost-Rügen und Usedom
In allen diesen Gebieten kann man baden, Spazierengehen, Schiffsausflüge unternehmen und am Strand wandern.
Bei »Molli«, der Bäderbahn zwischen Kühlungsborn und Bad Doberan, und dem »Rasenden Roland«, dem Zug zwischen Putbus und Göhren auf Rügen, schlagen nicht nur Kinderherzen höher, wenn die alten Dampflokomotiven heranschnaufen. Dort kann man mit Kindern auch längere Touren planen, denn mit »Molli« und dem »Rasenden Roland« ist die Rückkehr ja gesichert.
Auch auf Usedom lassen sich mit Hilfe der modernen Bäderbahn gut Radtouren unternehmen.

Die Natur

Obwohl Mecklenburg-Vorpommern eher arm an Waldgebieten ist, erstaunt die Küste doch immer wieder durch große, zusammenhängende Waldgebiete. Die waldreiche Rostocker Heide bei Graal-Müritz, der Darß und die Buchenhangwälder der Granitz und auf dem Nordperd bei Göhren seien hier genannt. Der herrliche Darß ist wohl das interessanteste Waldgebiet in Deutschland. Glücklicherweise sind die bedeutendsten Naturparadiese geschützt – als Nationalpark (Nationalpark Vorpommersche Boddenlandschaft, Nationalpark Jasmund), als Biosphärenreservat (Südost-Rügen), als Naturpark oder als das klassische Na-

turschutzgebiet. Oft zeigt der Uhu auf gelbem Schild an, daß man im Naturschutzgebiet die ausgewiesenen Wege nicht verlassen sollte. Wer mehr erfahren will, sollte die Natur-Ausstellungen vor Ort besuchen. Oft informieren die Heimatmuseen auch über Fauna und Flora ihrer Gebiete, über den gewöhnlichen Strandhafer, die Stranddistel, die Salzmiere, die »Windflüchter« an den Küsten und die lange Geschichte der Waldgebiete an der Ostsee.
Auch Greifvögel bekommt man nicht selten zu Gesicht, zum Beispiel den Rot- oder Schwarz-Milan, gelegentlich auch den Seeadler.

Abenteuer Geschichte

Auf Ihren Radtouren werden Sie immer wieder auf steinzeitliche Hünengräber stoßen – die meisten von ihnen sind etwa 4000 bis 5000 Jahre alt – ferner auf slawische Burgwälle, die etwa in der Zeit zwischen 600 und 900 n. Chr. angelegt wurden. Ihre Zerstörung fällt in die Zeit der Ostkolonisation, als christliche Siedler aus Holstein, Ostfriesland, Westfalen und Holland über die Elbe vorstießen und die Slawen verdrängten. Die meisten der Dörfer entstanden im 12. und 13. Jh. Dann brach die große Zeit der Hanse an: Wismar, Rostock, Greifswald und Wolgast gelangten zu ungeheurem Reichtum und großer Macht. Im Dreißigjährigen Krieg eroberte Schweden fast die gesamte Küste Mecklenburgs und Vorpommerns. Auf Spuren der schwedischen Eroberer stößt man immer wieder, zum Beispiel bei Schwedenschanzen, alten Bollwerken und Zeughäusern. Die alteingesessenen Mecklenburger und Pommern haben fast alle einige Tropfen schwedisches Blut in den Adern.

1 Von Boltenhagen über Brook nach Groß Schwansee

Tourenlänge
8 km bis Steinbeck, 16 km bis Brook (Strand), 20 km bis Groß Schwansee (Strand)

Durchschnittlicher Zeitbedarf
2 bis 4 Stunden Fahrtzeit

Etappen
Steilküste, Steinbeck, Brook, Groß Schwansee

Steigung
43 m

Beschaffenheit des Geländes
Strand, Steilküste

Beschaffenheit der Wege
Straßen, gute Feldwege, schmale Wege an der Steilküste

Verkehrssicherheit
Hoch, mit Ausnahme in Boltenhagen

Altersgruppe
Für Kinder ab 7 Jahren geeignet

Günstigste Jahreszeit
Hochsommer, sofern Baden im Mittelpunkt steht; sonst von April bis Oktober geeignet

Besondere Ausrüstung
Verpflegung, Sonnenschutz, Badesachen

Interessantes am Weg
Altbauten in Alt-Boltenhagen, Steilküste, Naturschutzgebiet Brooker Wald

Wegmarkierung
Die üblichen Radwegweiser

Diese Radtour durch den Klützer Winkel ist mit 20 Kilometern (Hinweg) vielleicht etwas lang, kann aber nach Belieben abgekürzt werden. Baden an wilden Stränden und das Erle-

ben einer der einsamsten Landschaften Deutschlands stehen auf dieser Fahrt im Vordergrund. Unterwegs gibt es zwar keine Eisbuden, dafür aber Ruhe, ja fast Einsamkeit.
Zwischen Travemünde und der Wismarbucht wölbt sich eine breite, abgeflachte Halbinsel in die Ostsee. Auf ihr liegt der Klützer Winkel, eine der fruchtbarsten Gegenden Norddeutschlands, die »Kornkammer Mecklenburgs«.
Der Klützer Winkel war einmal tiefste Provinz, in der die Uhren viel langsamer tickten als anderswo in dieser Region: mächtig die Junker, leibeigen die Bauern, rückständig der ganze Winkel. Die Chausseen wurden im 19. Jh., also später als anderswo, gebaut, die einzige Bahnlinie (von Grevesmühlen nach Klütz) erst dann, als man sich in Deutschland längst an das Bahnfahren gewöhnt hatte. Das Land beschränkte sich auf seine Rolle als Lieferant von Vieh, Getreide und Zuckerrüben. Zu DDR-Zeiten verlief auf der Steilküste ein Grenzzaun mit Kolonnenweg, der nach und nach zum Radweg ausgebaut wird.

Von der **Seebrücke in Boltenhagen**, wo die Schiffe zu Rundfahrten in die Lübecker Bucht ablegen, hat man einen ausgezeichneten Blick in die *Boltenhagener Bucht* mit ihrem vier Kilometer langen Sandstrand: Links schiebt sich das *Hochufer von Redewisch* vor, rechts ragt die *Halbinsel Tarnevitz* in die See. An der Seebrücke und am Beginn der Mittelpromenade stehen architektonisch interessante Häuser aller möglichen Baustile. Bäderarchitektur (vgl. Tour 19) findet man eher in Alt-Boltenhagen auf der anderen Seite der Seebrücke, am Dünenweg.
Beginn der Radtour in den Klützer Winkel ist die **Seebrücke**. Sofern man vorsichtig radelt, kann man das auf der *Strandpromenade* in Richtung Steilküste tun, mit Kindern allemal. Ansonsten fährt man besser auf dem *Dünenweg*. Es geht durch den ältesten Teil Boltenhagens, in dem Fritz Reuter, Mecklenburgs bedeutendster Schriftsteller, oft zu Besuch war. Links unter den Bäumen sieht man so manches alte Haus mit vorgebauter Veranda aus jenen Zeiten, da sich die Boltenhagener auf Feriengäste

umstellten. Die Strandpromenade mündet in den Dünenweg, und hier beginnt der Radweg.
Jenseits des Redewischer Bachs folgt man der Dorfstraße nach links durch Redewisch. Am Ortsbeginn führt rechts der Fußweg zur **Steilküste** hoch. Auf dem schmalen Weg längs des Kliffs ist **Vorsicht** geboten, denn es gibt kein Geländer, und mitunter verläuft der Rand der Steilküste nah am Weg.
Hinter **Redewisch** gibt es eine bessere Gelegenheit, sicher an die Steilküste zu kommen. Nach dem Ort biegt nach etwa 750 Metern rechts ein fester Weg nach Nordwest ab. Nach etwa 1,2 Kilometern kommt man an eine *Dreiwegekreuzung*, rechts erreicht man eine günstigere Stelle der Steilküste, wo der Weg nicht so nah ans Kliff heranreicht.
Die *Aussicht* auf Boltenhagen und die Bucht sind grandios. Im Hintergrund sieht man die **Insel Poel**, links dahinter die *Halbinsel Wustrow*. Die Sicht in die Lübecker Bucht ist eingeschränkt, aber *Scharbeutz*, *Haffkrug*, *Neustadt* und andere Orte sind zu erkennen.
Das **Hochplateau** ist eine eiszeitliche Grundmoräne, das Kliff dagegen wurde von der Ostsee geschaffen. Bei Sturm wird die Küste unterspült und bricht stückweise ab. Sand und Kies werden von der küstennahen Strömung weitergetragen und fangen sich zu einem Teil in den Buhnenreihen. Unten am Strand liegen große Steine, sogenannte *Geschiebe*, die aus der Steilküste herausgespült wurden, sowie entwurzelte Bäume. Das Hochufer wird nicht befestigt, sein Abbau ist ein natürlicher Prozeß. Wenn man bedenkt, daß die Gletscher in der heutigen Ostsee etwa tausend Meter stark waren, erscheint die dreißig Meter hohe Steilküste klein.
Zurück an der *Dreiwegekreuzung* wählt man nun die Route geradeaus, um sich nach 400 Metern, bei einigen neuen Backstein-Wohnhäusern, rechts zu halten. Über einen breiten, sandigen Höhenrücken erreicht man das maleri-

Alljährlich genießen viele Tausende Feriengäste und Besucher das dramatische Panorama der Steilküste beim Ostseebad Boltenhagen im Klützer Winkel.

Auf geht's zur Radtour, am besten mit Sturzhelm und Wimpel, guten Bremsen und immer genug Luft im Reifen. Den drei jungen Radlern gute Fahrt.

sche Steinbeck. Hier bietet sich die erste Gelegenheit zu einem Bad am Strand. Zu DDR-Zeiten verlief ein Kolonnenweg vom Priwall bis Steinbeck. Sein Ausbau in einen küstennahen Rad- und Wanderweg ist beschlossen, kommt aber nur langsam voran. Sollten bei Steinbeck die Eigentumsfragen geklärt sein, kann man von hier aus direkt an der Küste bis zum Brooker Strand weiterradeln (7 km). Ist das nicht der Fall, bleibt nur der kleine Umweg auf der wenig befahrenen Straße von Steinbeck über Elmenhorst mit seinem wunderschönen Kirchlein und über Warnkenhagen. In Brook radelt man rechts zum Strand hinunter. Kurz hinter dem Parkplatz hängt bei einem Rastplatz eine Landkarte.
Auf dem küstennahen, recht steilen und mitunter holprigen Radwanderweg erreicht man Groß Schwansee, wo sich ebenfalls gut baden läßt. Unterwegs kommen Sie am Naturschutzgebiet Brooker Wald vorbei, einem Restwald auf der Grundmoräne des Klützer Winkels. Der Wald ist recht vielfältig: meist *Eschen-Buchenwald*, zum Teil auch *Niederwald*, *Weiden* und *Erlengehölze*, an den Küstenhängen dominiert ein *Orchideen-Buchenwald*.
Für die Rückfahrt empfiehlt sich derselbe Weg.

Informationen zur Tour

Anfahrt
Mit dem Pkw bis Boltenhagen

Ausgangsort
Seebrücke in Boltenhagen

Zielpunkt
Strand bei Groß Schwansee

Rückfahrt
Auf demselben Weg

Fahrradverleih
A. Krämer, Am Parkplatz Mitte, Boltenhagen

Übernachtung unterwegs
Hotel John Brinckman, Mittelweg 24, Boltenhagen, Tel. 038825/29289

Kinderfreundliche Bewirtung
Hotel-Restaurant John Brinckman, Mittelweg 24, Boltenhagen, Tel. 038825/29289

Auskunft
Kurverwaltung Ostseebad Boltenhagen, Ernst-Thälmann-Straße 66, 23946 Ostseebad Boltenhagen, Tel. 038825/29284

Geeignetes Kartenmaterial
Wismar (Klützer Winkel – Grevesmühlen), Wanderkarte mit Radwegen, 1:50 000, Kompass

2 Von Wismar über Hoben nach Zierow

Tourenlänge
9 km

Durchschnittlicher Zeitbedarf
1–2 Stunden Fahrtzeit

Etappen
Wendorf, Hoben, Fliemstorf, Zierow

Steigung
20 m

Beschaffenheit des Geländes
Werft, Kleingärten, Buchenwald, Steilküste, Strand

Beschaffenheit der Wege
Asphalt- und Waldwege, Sandstrecken

Verkehrssicherheit
Relativ hoch, mit Ausnahme von Wismar

Altersgruppe
Für Kinder ab 5 Jahren geeignet

Günstigste Jahreszeit
Hochsommer, falls Baden im Mittelpunkt steht, sonst von April bis Oktober geeignet

Besondere Ausrüstung
Badesachen, Sonnenschutz, Fernglas

Interessantes am Weg
Steilküste, alte Bauernhäuser

Diese Radtour führt am westlichen Rand der Wismarbucht von Wendorf über Hoben und Fliemstorf bis zum Strand von Zierow. Zuvor lohnt jedoch ein kleiner Rundgang durch die **Hansestadt Wismar**.

Vermutlich schon vor 1200 ließen sich Siedler aus Westfalen und Holstein am Südende der Wismar-Bucht nieder. Umgeben von 60–100 Meter hohen Hügeln bot sich ein für Siedlung und Handel geeigneter Platz. **Marktplatz** und **Ratskirche St. Marien** wurden zum Mittelpunkt der Stadt. 1259 schlossen Wismar und Rostock ein Bündnis, Herzstück der 1358 gegründeten Hanse.

Grimmig schaut er drein: Der Schwedenkopf sollte Piraten von der Hafeneinfahrt Wismars fernhalten.

Wismar lernt man am besten durch eine **Stadtführung** kennen oder im **»Schabbellhaus«**, dem Stadtgeschichtlichen Museum. Das Schabbellhaus an der Schweinsbrücke wurde 1569–1571 im Stil der holländischen Renaissance errichtet. Beachtenswert sind ein Modell der Stadt im Mittelalter, einen der echten (hölzernen) Schwedenköpfe, die mumifizierte Hand eines Erschlagenen, die als Beweismittel vor Gericht diente. Das Modell einer Kogge und Schiffsgeräte informieren über die Hansezeit. Auch über die Wasserversorgung Wismars findet man Anschauliches, so eine der hölzernen Wasserleitungen, in denen Trinkwasser von der sogenannten Wasserkunst auf dem Marktplatz, einem als Renaissance-Pavillon verkleideten Brunnen, in die Wohnhäuser geleitet wurde.

Beginn der Radtour ist das **Lübsche Tor** im Westen der Altstadt. Auf dem *Radweg* der sehr verkehrsreichen *B 105* radeln wir stadtauswärts. In Höhe der Straße *Am Köppernitztor*, etwa 100 Meter hinter der Aral-Tankstelle, biegt rechts der *Schwarze Weg* durch das **Kleingarten-Viertel** nach Wendorf ab. Unterwegs sollte man sich rechts halten – und gelegentlich die Aussicht auf Wismar genießen.

Die Kräne der Werft, die Schiffe am Kai und die Kirchtürme der Altstadt bieten ein schönes Panorama.

Nach knapp 1,5 Kilometern mündet der Asphaltweg in die *Ernst-Scheel-Straße*, eine ruhige Wohnstraße. Hinter einigen Villen biegt man rechts in den Kurpark ab und fährt zur **Landungsbrücke** des Seebads Wendorf.

Es lohnt sich, bis ans Ende der Seebrücke zu gehen, vor allem wegen der Aussicht auf Wismar, die Insel Walfisch und die Insel Poel halblinks. Mit einem Fernglas kann man vor allem im Herbst die in der Wismar-Bucht rastenden **Wasservögel** beobachten zum Beispiel Sing- und Höckerschwan, Blesshühner und Mittelsäger, Silber- und Sturmmöwe sowie viele Entenarten.

Auf dem *Parkweg* fährt man durch den **Wendorfer Kurpark**, einen ansehnlichen Buchenwald. Der Waldweg führt über einige kleinere Bodenwellen auf dem *Hochufer* entlang und erreicht nach wenigen hundert Metern einen **Strand mit Spielplatz**. Gegenüber lädt der Strandkaten zu Rast und Einkehr ein.

Hinter dem Wald beginnt eine Ackerlandschaft, die sanft zur Promenade am Hochufer abfällt. Unmittelbar am Kliff verläuft der Asphaltweg nach Hoben. Unterwegs findet man Rastplätze und einen Treppenabgang zum Strand.

Nach 1,5 Kilometern haben Sie das Dorf **Hoben** erreicht, erst im 18. Jh. von Büdnern (Kleinbauern) gegründet, die im Sommer auch dem Fischfang nachgingen. Das Ensemble der zwölf niederdeutschen **Hallenhäuser** aus dem 18. und frühen 19. Jh. steht unter Denkmalschutz. Ein Brand im Jahre 1779 vernichtete fast alle Gebäude. Die Häuser Nr. 10 mit Windrose und Nr. 12, das älteste Haus, blieben stehen. Man beachte die nach außen gewendeten *Pferdeköpfe* auf dem Giebel, die gepflasterten *Dielen-Auffahrten* und die für

Klein, aber fein: Das alte Heimatmuseum neben dem stattlichen Herrenhaus in Zierow informiert über die Geschichte des alten Dorfes in der Wismar-Bucht.

diese Gegend typischen tiefen *Rohrdächer* mit dem hohen Toreinschnitt. Steil führt der Dorfweg durch Hoben. Auf einer schmalen Fahrstraße mit wenig Verkehr erreicht man **Fliemstorf**. Am Ortsschild führt rechts ein holpriger Weg hinab zum Ufer, das ideal ist für Liebhaber wilder Strände.
Hinter Fliemstorf erreicht man auf der Fahrstraße die Ortschaft **Zierow**. Wer auf direktem Weg zum Strand will, könnte auf der Fliemstorfer Straße geradeaus zur *Strandstraße* (rechts halten) weiterfahren, wäre da nicht die Einbahnstraße, die zu einem Umweg zwingt. Wer den Campingplatz meiden will, fährt an der Strandstraße vorbei, biegt erst bei der Bus-Wendeschleife rechts ab und erreicht auf einer alten Eichenallee den breiten und sehr flachen Strand, an dem kleine Kinder das Schwimmen besonders gut üben können. Wer's gern einsam hat, findet linkerhand im Verlauf der weiten Bucht **stille Badeplätze** am Ufer. Auf der anderen Seite, auf dem **Campingplatz**, wird vielerlei geboten, u. a. Tennis, Volleyball, Sauna – und natürlich Restaurants.
Wer sich gern in mecklenburgischen Gutsdörfern umsieht, der ist in **Zierow** richtig. In der Lindenstraße beeindrucken alte Scheunen und mächtige Alleebäume, Linden mit einem Umfang von mehreren Metern. Am Ende der Hauptstraße sieht man das 1815–1820 errichtete Herrenhaus durch die Bäume schimmern, heute Berufliche Schule der Stadt Wismar. Der **englische Landschaftspark** ist zum Teil erhalten. Neben dem Herrenhaus ist in einer anheimelnden Scheune das **Dorfmuseum** untergebracht. Für die Rückfahrt ist derselbe Weg zu empfehlen.

Informationen zur Tour

Anfahrt
Mit dem Pkw oder dem Zug bis Wismar

Ausgangsort
Lübsches Tor, Wismar

Zielpunkt
Strand bei Zierow

Rückfahrt
Auf demselben Weg

Fahrradverleih
Zweirad-Center Wismar, Rabenstraße 2, Wismar, Tel. 03841/284893; Bahnhof Wismar, Tel. 03841/389

Übernachtung unterwegs
Pferde-Center Zierow, Möwenweg 19, Zierow, Tel. 03841/642360

Kinderfreundliche Bewirtungen
- Strandkaten in Wismar-Wendorf
- Restaurant Strandsperle auf dem Campingplatz Zierow

Öffnungszeiten
- Stadtgeschichtliches Museum Wismar »Schabbellhaus«, Schweinsbrücke 8, 1. Mai – 30. Sept. Di – So 10 – 20 Uhr, 1. Okt. – 30. April Di – So 10 – 16.30 Uhr, Tel. 03841/282350
- Dorfmuseum Zierow, Di, Do, Sa und So 15 – 17.30 Uhr, Tel. 03841/63000

Auskunft
Wismar-Information, Stadthaus, Am Markt 11, 23952 Wismar, Tel. 03841/282958

Geeignetes Kartenmaterial
Ostseeküste von Wismar bis Rostock (1:75 000), nordland

3 Von Dorf Mecklenburg nach Bad Kleinen

Tourenlänge
10 km

Durchschnittlicher Zeitbedarf
2 Stunden Fahrtzeit

Etappen
Moidentin, Bad Kleinen

Steigung
65 m

Beschaffenheit des Geländes
Hügeliges Waldland, Nordufer des Schweriner Sees

Beschaffenheit der Wege
Zum Teil schmale Waldwege mit Sandstrecken

Verkehrssicherheit
Relativ hoch, mit Ausnahme der stark befahrenen Landstraße nach Bad Kleinen (500 m Strecke)

Altersgruppe
Für Kinder ab 10 Jahren geeignet

Günstigste Jahreszeit
Hochsommer, falls Baden im Mittelpunkt steht, sonst von April bis Oktober geeignet

Besondere Ausrüstung
Badesachen, Sonnenschutz, gute Radbremsen

Interessantes am Weg
Mühle und Burgwall in Dorf Mecklenburg, Schwedenschanze bei Bad Kleinen

Wegmarkierung
Blauer Querstrich

Die Radtour führt von Wismar mit der Bahn bis Dorf Mecklenburg, von dort radeln wir am Wallensteingraben entlang nach Bad Kleinen. Um zu verstehen, was **Dorf Mecklenburg** mit

Mecklenburg zu tun hat, muß man ins 12. Jh. zurückgehen. Zur Zeit der Ostkolonisation drangen Siedler aus Westfalen, Ostfriesland und Holstein über die Elbe vor und besetzten das Land der heidnischen Slawen. Auf der Suche nach Bundesgenossen gab Sachsenherzog Heinrich der Löwe 1167 dem Obodriten-Fürsten Pribislaw die Michelenburg als Lehen zurück. Dieser Burgwall war das Machtzentrum der slawischen Obodriten. Durch dieses Lehen, das die slawischen Fürsten in den Feudalstaat einband, wurde das mecklenburgische Fürstentum begründet, das bis 1918 herrschte. Das Land Mecklenburg erhielt also von diesem Burgwall seinen Namen.

Der **Burgwall** bei Dorf Mecklenburg ist Ausgangspunkt der Radtour, die in abgelegene Orte führt. Mit der *Bahn* fahren wir bis **Dorf Mecklenburg**.

Am Bahnhof heißt es sich entscheiden: Wer in der **Mecklenburger Mühle** einkehren will, fährt auf dem Weg parallel zu den Gleisen in *Richtung Wismar*, biegt links in die Kleingärten ein (dort rechts halten) und erreicht die Mühle. Auch das **Agrarmuseum** ist einen Besuch wert. Wer sofort aufbrechen will, fährt vom Bahnhof links in die Dorfstraße bis zur **Kirche**. Die barocke Ausstattung aus dem 17. Jh. gehört zu den wichtigsten Zeugnissen sakraler Kunst jener Zeit in Mecklenburg.

Auf der Straße *Am Burgwall* erreicht man nach etwa 500 Metern die von weitem kaum erkennbare ehemalige **slawische Festung**. Der etwa 10–12 Meter hohe Wall umschließt ein Oval von etwa 150 x 200 Metern, in dem heute ein Friedhof mit Kapelle zu finden ist. Ein Weg führt rings um den Wall herum, Hinweisschilder informieren über den nahen Wallensteingraben.

Der **Wallensteingraben** – der Name kam erst im 19. Jh. auf – kündet vom alten Traum der Kaufleute und Landesherren, Wismar mit dem Schweriner See und der Elbe zu verbinden. Daraus wurde nichts, denn die technischen Mittel reichten nicht aus, um das starke Gefälle zu bewältigen. Vom Burgwall führt der Weg nach Bad Kleinen schräg über den Wiesengrund in Richtung auf ein Haus am Bahndamm zu. Je nach Zustand der Feuchtwiese ist der Weg schwierig zu finden. Ein kundiger Beobachter wird in dem Wiesengrund mit

Als eine der wenigen hat die »Mecklenburger Mühle« in Dorf Mecklenburg die Zeiten überstanden - als Ausflugs-Restaurant mit leckeren Fischgerichten.

den sanft ansteigenden Rändern eine eiszeitliche *Gletscherabflußrinne* erkennen. Die Fließrichtung war nach Süden, also umgekehrt zum Wallensteingraben.
Parallel zum Bahngleis verläuft der schmale Radweg durch verschilftes Gelände, die ersten 500 Meter sind sicherlich die schwierigste Strecke. Daß es durch *Endmoränengebiet* geht, merkt man schnell an den kurzen, heftigen Steigungen. Auf steilem Weg geht es durch einen Buchenwald. Ein Asphaltweg verläuft links zum *Haltepunkt Petersdorf,* nach 20 Metern geht es rechts weiter. Nun links halten, der Weg führt unmittelbar neben dem Bahngleis weiter. Für den steilen Abhang, der nun folgt, brauchen Sie unbedingt **gute Radbremsen**, andernfalls sollten Sie absteigen.
Nun beginnt die schönste Strecke am Wallensteingraben, den der Wanderweg auf mehreren schmalen Eisenbrücken überquert. Mit etwas Glück sieht man den bunten Eisvogel dicht über der Wasseroberfläche des Wallensteingrabens auf »Fischfang«. Hinter dem *Rastplatz Brusenbek* fährt man scharf links an einer Weide entlang. Bald ist der **Bahnhof Moidentin** erreicht, der unbeschrankte (!) Bahnübergang liegt hinter dem Gebäude. Jenseits der Gleise halten wir uns, dem *blauen Querstreifen* folgend, in Richtung *Lostener See.* Mit Sandstrecken – Relikte der eiszeitlichen Sandergebiete – muß man hier rechnen. Unterwegs passiert man einen **Ehrenfriedhof**.
Hier liegen Flüchtlinge und Vertriebene aus Ostdeutschland begraben, die 1945 und 1946 im Auffanglager Losten verstarben. Einige hundert Meter später erreicht man das Ostufer des langgetreckten **Lostener Sees**, der aus einem

eiszeitlichen Toteisblock entstand: Ein riesiger Eisblock war vom Gletscher abgebrochen, von Erdmassen bedeckt und erst spät getaut.
Bald haben wir die stark befahrene *Landstraße* erreicht, die rechts nach Bad Kleinen führt. Man muß sie nur 500 Meter befahren, bis zur Bahnüberführung. Dort liegt links der Straße die **Schwedenschanze**, 1638 zum Schutz der Kaufleute errichtet. Im Innern der Wallanlage gibt es Bänke und Tische zur Rast, die Aussicht auf den **Schweriner See** ist bezaubernd. Am Seeufer entlang erreicht man **Bad Kleinen**. Am **Bootsanleger** und der **Badestelle** entlang erreicht man den *Eier-Tunnel,* durch den man über die *Gallentiner Chaussee* zum Bahnhof zurückfährt.

Informationen zur Tour

Anfahrt
Von Wismar mit der Bahn bis Dorf Mecklenburg

Ausgangsort
Bahnhof Dorf Mecklenburg

Zielpunkt
Bad Kleinen am Schweriner See

Rückfahrt
Mit der Bahn ab Bad Kleinen

Fahrradverleih
Zweirad-Center Wismar, Rabenstraße 2, Wismar, Tel. 03841/284893; Bahnhof Wismar, Tel. 03841/389

Übernachtung unterwegs
Pension Zum Schwarzen Kanal, Bad Kleinen, Ortsteil Gallenthin, Tel. 038423/5670

Kinderfreundliche Bewirtungen
- Mecklenburger Mühle, Dorf Mecklenburg, Tel. 03841/790210;
- Restaurant Seeblick, Bad Kleinen, Uferweg 24 a, Bad Kleinen, Tel. 038423/442

Öffnungszeiten
Kirche Dorf Mecklenburg, Besichtigung nach Anmeldung beim Pfarrer, Tel. 03841/795917
Agrarmuseum Dorf Mecklenburg, Rambower Weg, Dorf Mecklenburg, April–Okt. tägl. 10–16 Uhr, Nov.–März Mo–Fr 10–15.30 Uhr, Tel. 03841/790020

Auskunft
- Wismar-Information, Stadthaus, Am Markt 11, 23952 Wismar, Tel. 03841/282958
- Amt Dorf Mecklenburg, Am Wehberg 17, 23972 Dorf Mecklenburg, Tel. 03841/7980
- Amt Bad Kleinen, Fremdenverkehrsstelle, Gallentiner Chaussee 5, 23996 Bad Kleinen, Tel. 038423/50278
- Bahnhof Wismar, Tel. 03841/389; Bahnhof Bad Kleinen, Tel. 038423/433

Geeignetes Kartenmaterial
Ostseeküste von Wismar bis Rostock (1:75 000), nordland

Start im Grünen: Die weite Wiese neben dem slawischen Burgwall in Dorf Mecklenburg ist der Beginn der Radtour am Wallensteingraben entlang bis nach Bad Kleinen.

4 Insel Poel – Von Kirchdorf zum Timmendorfer Strand

Tourenlänge
13,5 km

Durchschnittlicher Zeitbedarf
2 Stunden Fahrtzeit

Etappen
FKK-Strand Hinterwangern, Timmendorfer Strand, Schwarzer Busch

Steigung
Bis 25 m

Beschaffenheit des Geländes
Flachkuppig, meist Felder, vereinzelt Wald, Steilküste

Beschaffenheit der Wege
Feld- und Waldwege, Pflasterstraße

Verkehrssicherheit
Hoch, stärkerer Verkehr nur in Kirchdorf

Altersgruppe
Für Kinder ab 7 Jahren geeignet

Günstigste Jahreszeit
Hochsommer, sofern Baden im Mittelpunkt steht, sonst von April bis Oktober geeignet

Besondere Ausrüstung
Badesachen, Sonnenschutz, Fernglas

Interessantes am Weg
Kirche und Hafen in Kirchdorf, Naturschutzgebiet Fauler See und Rustwerder, Leuchtturm

Wegmarkierung
Einfache Wegweiser

Bei Sonnenuntergang strahlt die Steilküste bei Timmendorf in warmem Ockerton. Ausblick erwünscht, nur Radeln sollte man nicht auf dem schmalen Weg.

Es gibt kaum eine bessere Gelegenheit, sich einen Überblick über die Insel Poel zu verschaffen, als einen Besuch des Heimatmuseums in Kirchdorf. Die wichtigsten Themen sind Geologie und Geographie, vor allem die Entstehung der Insel als Grundmoräne während der letzten Eiszeit. Die Gletscher aus Skandinavien schoben gewaltige Schutt- und Geröllmassen vor sich her, die auf dem langen Weg zum Teil zermalmt wurden. Man entdeckt im Museum einen rötlichschwarzen Granitbrocken aus Schweden, der graue Kalkstein stammt von Gotland, schwarzgrauer Greis kommt aus Mittelschweden. Ein schönes Modell der Poeler Festung mit Kirche und Schloß ist außerdem aufgestellt, die Poeler Tracht und ein Zeesboot im

Modell, ein altertümliches Schiff, sind ebenfalls zu sehen.

Diese Rundtour beginnt an der Kirche, führt über den flachen Inselrücken nach Timmendorf und Hinterwangern, streift das Naturschutzgebiet Fauler See und Rustwerder und verläuft über Timmendorf/Strand und den Schwarzen Busch zurück nach Kirchdorf. Gegenüber dem Parkplatz hinter der **Kirche** führt ein breiter *Feldweg* nach Timmendorf. Unterwegs fällt auf, wie intensiv die Insel landwirtschaftlich genutzt wird. Die Erträge an Getreide und Zuckerrüben sind dank dem fruchtbaren Geschiebemergel sehr hoch.

In **Timmendorf** führt der Radweg links nach Süden und erreicht über Hinterwangern den FKK-Strand.

Der Ort **Hinterwangern** entstand in der ersten Hälfte des 13. Jh. im Zuge der Ostkolonisation durch sogenannte Lokatoren, die im Auftrag der mecklenburgischen Fürsten Bauern aus Niedersachsen und Westfalen ansiedelten. Linker Hand erstreckt sich das **Naturschutzgebiet Rustwerder und Fauler See.** Hier können Sie mit dem Fernglas die Vögel beobachten – vorausgesetzt, Sie verhalten sich absolut ruhig und gehen in Deckung. Die Distanz ist nämlich so gering, daß sich die Vögel sonst bedroht fühlen und fortfliegen. Der Faule See, eine ehemalige Meeresbucht, wird durch den Nehrungsarm des Rustwerders allmählich von der Ostsee abgegrenzt. Das Gewässer ist als Brutplatz gefährdeter Schnepfenvogelarten bekannt.

Vom FKK-Strand bis zum Timmendorfer Strand erstreckt sich die beeindruckendste **Steilküste,** die Poel zu bieten hat. Wenn am frühen Abend die Sonne das Kliff mit seinen zahlreichen Kerben, Rissen und Aushöhlungen anstrahlt, tritt der ockerfarbene Geschiebemergel am schönsten hervor. Am Strand liegen entwurzelte Bäume kreuz und quer, große Geschiebe gruppieren sich dazu – streckenweise hat man die reine Wildnis vor sich. Tausende von **Uferschwalben** haben tiefe Niströhren in das Kliff gegraben. Längs des Steilufers erstreckt sich ein etwa 50 Meter breiter **Küstenschutzwald** bis zum Timmendorfer Strand. Hinter diesem Wald, also an der Ackerseite, verläuft der *Radweg.*

Um die Steilküste auch von oben zu sehen, kann man etwa alle 100 Meter durch Seitenwege vorsichtig an die Steilküste herantreten. Dabei sollte man **genügend Abstand** von der stellenweise unterhöhlten **Abbruchkante** halten. Mitten durch den Wald führt ein schmaler Weg, der oft hart an das Steilufer herankommt. **Vorsicht** – da es dort weder ein Geländer noch eine Ausweichmöglichkeit gibt, sollte man diesen Weg auf keinen Fall befahren, *sonst besteht Lebensgefahr*!

Noch vor wenigen Jahrzehnten war

Im Hafen von Kirchdorf auf der Insel Poel herrscht immer buntes Treiben: Fischkutter laufen aus, Urlauber bummeln auf dem Holzsteg, sehen sich die Segelyachten an.

Timmendorf nur eine kleine Lotsenstation mit Leuchtturm. Die Lotsen haben die Aufgabe, Seeschiffe sicher in den Hafen von Wismar zu steuern. Der schlanke **Leuchtturm** wurde 1870/1871 errichtet. Im **Hafen** gibt es immer Interessantes zu sehen – Segeljachten legen an, Motorboote ziehen Wasserskiläufer hinaus auf die See, oder man geht auf die Nordermole hinaus und schaut den Möwen zu. In Timmendorf gibt es keinen Mangel an Eiscafés und kleinen Imbißständen. Sogar an einen Spielplatz hat man gedacht. Auf der Terrasse des Restaurants »Am Leuchtturm« ißt man gut und genießt außerdem den Blick auf den Hafen. Da der Radweg längs der Küste sehr sandig ist, fahren wir etwa 300 Meter aus dem Ort hinaus. Links biegt ein *Feldweg* ab, der zwischen dem Küstenschutzwald und den Feldern bis zum **Schwarzen Busch** führt. Unterwegs, kurz hinter einigen verlassenen Gebäuden, gibt es eine gute Gelegenheit, in der See zu baden.

Durch das anschließende **Rethmoor** führt ein schmaler Weg, dann ist die *Wochenendhaussiedlung Am Schwarzen Busch* erreicht. Auch hier kann man am bewachten Strand baden oder sich in einem der Restaurants stärken. Vom Vorplatz geht es rechts ab nach *Kirchdorf*. Unterwegs kommt man an der **Gedenkstätte »Cap Arkona«** im Schwarzen Busch vorbei, einem Eichenhain. Die Pflasterstraße ist zwar bezaubernd, aber beschwerlich zu befahren, Radler benutzen deshalb oft die schmale *Lindenallee* der Fußgänger. Nach einem Kilometer beginnt Kirchdorf. Durch die *Strandstraße* und *Wismarsche Straße* erreicht man die Kirche.

Informationen zur Tour

Anfahrt
Mit dem Pkw bis Kirchdorf

Ausgangsort
Kirchdorf, Parkplatz hinter der Kirche

Zielpunkt
Rundtour über Timmendorf und Schwarzer Busch

Fahrradverleih
Köhn, Ernst-Thälmann-Straße 8, Kirchdorf, Tel. 038425/20036

Übernachtung unterwegs
Pension Zur Seemöwe, Möwenweg 7, Kirchdorf, Tel. 038425/20580

Kinderfreundliche Bewirtungen
- Gaststätte »Zur Seemöwe«, Möwenweg 7, Kirchdorf, Tel. 038425/20580
- Restaurant Am Leuchtturm, Timmendorfer Strand, Tel. 038425/20251

Öffnungszeiten
Heimatmuseum Insel Poel, Kirchdorf, Möwenweg 4, 15. Mai–15. Sept.
Di–Fr 9–12 Uhr, 14–16 Uhr, Sa und So 9.30–11.30 Uhr, übrige Jahreszeit
Di–So 10–16 Uhr,
Tel. 038425/20732

Auskunft
Fremdenverkehrsamt Insel Poel,
23999 Kirchdorf/Poel, Wismarsche Str. 22,
Tel. 038425/20347

Geeignetes Kartenmaterial
Ostseeküste von Wismar bis Rostock (1:75 000), nordland; Inselkarte beim Fremdenverkehrsamt

5 Insel Poel – Vom Schwarzen Busch nach Gollwitz

Tourenlänge
7,5 km

Durchschnittlicher Zeitbedarf
1 Stunde Fahrtzeit

Etappen
Gollwitzer Leuchtturm, Strand bei Gollwitz

Steigung
Bis 20 m

Beschaffenheit des Geländes
Kuppig, meist Felder, vereinzelt Wald und Steilküste

Beschaffenheit der Wege
Meist breite Wald- und Feldwege, gelegentlich Pflaster

Verkehrssicherheit
Hoch, Verkehr nur am Parkplatz Am Schwarzen Busch

Altersgruppe
Für Kinder ab 5 Jahren geeignet

Günstigste Jahreszeit
Hochsommer, sofern Baden im Mittelpunkt steht, sonst von April bis Oktober geeignet

Besondere Ausrüstung
Badesachen, Sonnenschutz, Fernglas

Interessantes am Weg
Leuchtturm Gollwitz, Insel Langenwerder

Wegmarkierung
Einfache Wegweiser

Insel Poel hat aus der Vogelperspektive eine eigenartige Form: Wie zwei Zangen umschließt das Land die Kirchsee, die tief in die Insel hineinragt. Die Bewohner sagen »die Kirchsee« und sehen

Poel als Insel an, obwohl es schon 1760 einen Damm zum Festland gab. Mit seinen 37 Quadratkilometern ist Poel die drittgrößte Insel Mecklenburg-Vorpommerns. Die Landschaft erinnert an einen Walrücken. Höchste Erhebung ist der 25 Meter hohe Kickelberg bei Kirchdorf-Neuhof. Von der Anhöhe hat man einen ausgezeichneten Blick nach Wustrow und Wismar.

Poel ist fast unbewaldet, wenn man vom Eichenhain »Am Schwarzen Busch« und dem Küstenschutzwald absieht. Im Norden und Westen erstrecken sich Steilküsten, denen flache Strände vorgelagert sind. Im Osten der Insel bilden Salzwiesen und Schlickflächen eine buchtenreiche, zerlappte Uferlandschaft am Rand des Breitlings, eines *Boddens*.

Die Insel gehörte früher dem Domkapitel von Lübeck, ging an Mecklenburg-Schwerin über und war über 150 Jahre im Eigentum der Schweden. Die lange Besatzungszeit verhinderte, daß die Poeler Bauern Leibeigene wurden.

Hauptort der Insel ist **Kirchdorf**, dessen wuchtiger Kirchturm aus dem 13. Jh. die Wallanlagen am malerischen Hafen weit überragt. Die wertvollsten Ausstattungsstücke der Kirche sind zwei Schnitzaltäre aus dem 15. und 16. Jh. Rings um die Kirche ließen die mecklenburgischen Herzöge im 17. Jh. Wallanlagen errichten. Hinter der Kirche gibt es einen Durchgang zum zweiten, größeren Komplex der ehemaligen Veste Poel, wo früher sogar ein Schloß stand. Der Ausblick von dort auf die Kirchsee ist bezaubernd.

Beginn der Radtour ist am Parkplatz »**Am Schwarzen Busch**«, den man von Kirchdorf über die Strandstraße erreicht. Der Name »Schwarzer Busch« leitet sich von dem Eichenhain ab, der sich hinter dem großen Parkplatz erstreckt. Von der See wirkt der Wald wie eine dunkle Landmarke, daher der Name. Inmitten des Hains befindet sich eine Gedenkstätte, die an die größte Katastrophe in der Geschichte der Seefahrt erinnert. Kurz vor Ende des Zweiten Weltkriegs schafften SS-Leute über 10 000 Häftlinge aus dem Konzentrationslager Neuengamme bei Hamburg auf vier Schiffe, die in der Lübecker

In Gollwitz im Norden Poels führt eine Allee mit uralten Weiden hinunter an den Sandstrand, zum ehemaligen Klipphafen des Dorfes.

Mit dem Fahrrad direkt an den Badestrand: Bei Gollwitz radelt so mancher bis zum Spülsaum der Ostsee, um sich das schönste Plätzchen zu sichern.

Bucht versenkt werden sollten. Am 3. Mai 1945 bombardierten britische Flugzeuge die Schiffe, deren größtes die »Cap Arkona« war, vor Neustadt in Holstein. Jene 127 namenlosen Toten, die auf Poel angetrieben wurden, hat man hier bestattet.

Vom Strandabgang führt uns unsere Tour auf einem breiten Weg durch den Küstenschutzwald nach *Norden.* An verschiedenen Stellen hat man die Möglichkeit, ans **Steilufer** zu treten, das hier etwa sieben Meter hoch ist. Gelegentlich kann man sogar zum Strand hinunterklettern. Unten am Strand liegen Geschiebe – Granit- und Gneisbrocken verschiedener Größe, die von den Gletschern der letzten Eiszeit aus Skandinavien hierhergeschoben wurden. Die Steine stecken im *Geschiebemergel* der Steilküste und werden bei Sturm herausgespült. Einer der größten ist der **Blaue Stein**, der um 1870 aus der Steilküste herausfiel. Er liegt etwa 800 Meter vom Schwarzen Busch entfernt am Strand. Eine *Bake*, ein Schiffszeichen auf einem Metallgerüst, kündigt den **Gollwitzer Leuchtturm** an. Er ist wesentlich kleiner als sein Kollege von Timmendorfer Strand. Der Imbißstand »Am Leuchtturm« ist weithin bekannt, im Garten läßt sich ausgezeichnet rasten. Etwa 800 Meter weiter erreicht man den

Tief duckt sich das alte Vogelwärterhaus auf der flachen Insel Langenwerder nördlich von Poel.

Strand von **Gollwitz**. Mehrere Tafeln machen mit dem Ort vertraut.

Gegenüber liegt die **Insel Langenwerder**, die nur 2,30 Meter aus der See herausragt. Das 1910 gegründete, älteste **Vogelschutzgebiet** Mecklenburgs ist Wissenschaftlern der Universität Rostock vorbehalten, die Zählungen und Beringungen vornehmen. Auf Langenwerder brütet die in Mecklenburg-Vorpommern größten Kolonien der **Sturmmöwe** (3500 Paare) und der **Küstenseeschwalbe** (110 Paare). Mit einem guten Fernglas kann man das Geschehen auf der Insel verfolgen, den besten Beobachtungspunkt erreicht man über den *Plattenweg*, der von der alten Weidenallee nach Osten abzweigt. Man sollte *mindestens 200 Meter Abstand* zur Insel einhalten, auch auf der Sandbank vor dem Strand, die man gefahrlos durch das knietiefe Wasser erreicht. Am Strand gibt es weder Imbißbuden noch Eisstand. Man badet (der Strand ist nicht bewacht), sucht sich einen schönen Platz am Waldsaum zum Sonnenbad oder watet zur Sandbank hinüber.

Der Rückweg führt auf der alten Weidenallee durch das Dorf. Im Mittelalter war Gollwitz ein Klipphafen, in dem die adligen Grundbesitzer ihr Getreide verschifften. Am Dorfteich vorbei erreicht man den Parkplatz vor dem Ort. Dort biegt rechts ein breiter, die ersten 100 Meter etwas staubiger Feldweg ab. Wir halten uns auf dem Weg rechts und erreichen über Kaltenhof mit seinen verfallenen Scheunen den Parkplatz Am Schwarzen Busch.

Informationen zur Tour

Anfahrt
Mit dem Pkw bis zum Schwarzen Busch

Ausgangsort
Parkplatz Am Schwarzen Busch

Zielpunkt
Rundfahrt über Gollwitz und Kaltenhof

Fahrradverleih
Köhn, Ernst-Thälmann-Straße 8, Kirchdorf, Tel. 038425/20036

Übernachtung unterwegs
Pension Schwartz, Gollwitz, Tel. 038425/20312

Kinderfreundliche Bewirtung
Am Leuchtturm in Gollwitz

Auskunft
Fremdenverkehrsamt Insel Poel, Wismarsche Str. 22, 23999 Kirchdorf/Poel, Tel. 038425/20347

Geeignetes Kartenmaterial
Ostseeküste von Wismar bis Rostock (1:75000), nordland; Inselkarte beim Fremdenverkehrsamt

6 Von Rerik nach Kühlungsborn

Tourenlänge
11 km

Durchschnittlicher Zeitbedarf
1 Stunde Fahrtzeit

Etappen
Riedensee, Kägsdorf

Steigung
25 m

Beschaffenheit des Geländes
Hochufer, im Hinterland kuppenreiches Gelände

Beschaffenheit der Wege
Asphaltstraßen, Feldwege

Verkehrssicherheit
Hoch, mit Ausnahme in Kühlungsborn West

Altersgruppe
Für Kinder ab 7 Jahren geeignet

Günstigste Jahreszeit
Von April bis Oktober

Besondere Ausrüstung
Ggf. Sonnenschutz

Interessantes am Weg
Salzhaff und Halbinsel Wustrow, Hünengrüber, Riedensee

Die Radtour führt von der Seebrücke in Rerik recht nahe an der Küste zum Riedensee, von dort nach Kühlungsborn West. Doch zuvor sollte man sich das kleine Seebad Rerik ansehen, das seinen Namen dem Irrglauben verdankt, der am Schmiedeberg gelegene Burgwall sei Teil des frühmittelalterlichen Handelsplatzes Reric gewesen. Etwas voreilig wurde Alt Gaarz 1938 in Rerik umbenannt. Das war ein Irrtum, man

sucht diesen sagenhaften Handelsort noch immer.
Vom Schmiedeberg neben der Seebrücke erkennt man auf einen Blick die ungewöhnliche Lage Reriks an der dammartigen Landenge zur Halbinsel Wustrow. Auf der einen Seite sieht man den Strand mit dem Hochufer, auf der anderen Seite das Salzhaff und den kleinen Hafen, dazwischen das Seebad Rerik, überragt von der Pfarrkirche und dem Schmiedeberg. Gegenüber erstreckt sich die **Halbinsel Wustrow**, die das Salzhaff zur Seeseite hin begrenzt. Sie war in Händen der Sowjet-Armee und darf vorerst nicht betreten werden. Ein großer Teil Wustrows besteht aus Dünen, am Salzhaff liegen Salzwiesen mit salzwassserverträglichen Pflanzen.
Bedeutendste Sehenswürdigkeit Reriks ist die **Pfarrkirche**, um 1260/1270 als dreischiffige Backsteinhalle errichtet. Sie gilt als eine der schönsten frühgotischen Kirchen an der mecklenburgischen Ostseeküste. Die barocke Gestaltung des Innern ist außergewöhnlich reich, die Ausmalung stammt von Hinrich Greve aus Wismar.
Besuchenswert ist auch das **Heimatmusem Rerik**, das ausführlich über den Ort informiert.
Beginn der Radtour ist die Seebrücke. Auf der Dünenstraße radeln wir in Richtung Kirche, dann weiter auf der *Leuchtturmstraße* aus dem Ort in Richtung *Meschendorf*. Die *Schillerstraße* führt uns an *Neu Gaarz* vorbei. Rasch sind auf einer guten Asphaltstraße freie Felder erreicht. Rechter Hand liegen zwei **Dolmen** – Großsteingräber oder Hünengräber aus der Jungsteinzeit. Man sagt »Hünengräber«, weil der Volksglaube annahm, nur Riesen hätten die tonnenschweren Steine transportieren können.
In einem weiten Bogen nach links führt die Asphaltstraße hinunter nach **Meschendorf**. Hinter der Siedlung erstreckt sich rechts des Wegs eine *Ilex-Hecke*, unter Naturschutz stehende Stechpalmen, die hier die außergewöhnliche Höhe von fünf Meter erreichen.
Kurz dahinter führt rechts der Weg bergan nach *Kägsdorf*. Doch bevor wir das ehemalige Gutsdorf besuchen, empfiehlt sich ein Abstecher zum **Riedensee** Man radelt von der Ilex-Hecke geradeaus weiter am Strand entlang. Da der Pfad eher ein Wanderweg ist, sollte man irgendwann unterwegs die Räder abstellen und zu Fuß weitergehen. Der Riedensee ist ein Strandsee, der von der Ostsee nur durch Dünen getrennt ist. Bei Sturm überflutet die See den flachen Dünenstreifen und den Schilfgürtel, der

Wie eine kleine Festung steht der rote Leuchtturm auf der Bukspitze bei Bastorf am westlichen Rand der Kühlung und warnt Schiffe vor der Küste.

den Riedensee umgibt. Die **interessante Vegetation** ist somit von Salz- und Süßwasser zugleich bestimmt. Am Strand findet man die fleischige Salzmiere oder die bläulich schimmernde Stranddistel, auch Seemannstreu genannt, den Meersenf mit seinen violettfarbenen Blüten, ferner Salzkraut und Meerkohl. Der Riedensee ist ein bedeutendes **Brut- und Rastgebiet** zahlreicher Vogelarten, u. a. des Teichrohr- und Schilfrohrsängers, der Rohrammer sowie der Bartmeise. Vom Riedensee zurückgekehrt, radeln wir den Weg hinauf nach **Kägsdorf**. »Der Ort entwickelte sich vom großen Bauerndorf zum ritterlichen Landgut« heißt es etwas beschönigend in einer Broschüre über die Landschaft am Salzhaff. Das bedeutet, daß die Bauern von Kägsdorf »gelegt« wurden: Die Ritter, die Landadligen, hatten von ihrem Fürsten das verbriefte Recht erhalten, die Bauern von ihrem Land zu verjagen oder diese zu Leibeigenen zu machen. Das sogenannte Bauernlegen wurde besonders in Mecklenburg gepflegt.

Der Radweg führt unmittelbar am Gutshaus vorbei, einem Gebäude mit neugotischer Fassade inmitten eines schönen Parks. Größte Attraktion ist ein 150 Jahre alter **Ginkgo-Baum**.
Das stattliche Exemplar ist etwa zwanzig Meter hoch und erreicht einen Stammumfang von über drei Metern. Ginkgos stammen aus Japan und China und werden als die älteste lebende Baumart angesehen.
In Kägsdorf halten wir uns links, radeln auf dem Feldweg etwa 500 Meter den Hang hinunter und biegen rechts in den Weg nach *Kühlungsborn West* ein. Unterwegs sieht man rechts den signalroten **Leuchtturm** auf der 79 Meter hohen **Bukspitze bei Bastorf**. Man darf dem 1878 fertiggestellten Turm leider nicht besteigen.
Links in die Reriker Straße eingebogen, erreicht man nach kurzem Weg **Kühlungsborn West**. Am Ende der *Reriker Straße* führt rechts die *Fritz-Reuter-Straße* zum Bahnhof Kühlungsborn West, der Endstation von **»Molli«**, der Bäderbahn zwischen Kühlungsborn und Bad Doberan. Prachtstraße ist die Straße des Friedens mit ihren stattlichen Villen.
Die Rückfahrt nach Rerik erfolgt am besten auf demselben Weg.

Informationen zur Tour

A Anfahrt
Mit dem Pkw bis Rerik

Start Ausgangsort
Seebrücke Rerik

Zielpunkt
Kühlungsborn West

Rückfahrt
auf demselben Weg

Fahrradverleih
• Drygalla, Am Haff, Rerik, Tel. 038296/442;
• Ebert, Dünenstraße 6, Kühlungsborn, Tel. 038293/232

Übernachtung unterwegs
Gasthof Zur Linde, Leuchtturmstraße 7, Rerik, Tel. 038296/252

Kinderfreundliche Bewirtung
Gasthof Zur Linde, Leuchtturmstraße 7, Rerik, Tel. 038296/252

Öffnungszeiten
• Heimatmuseum, Am Haff 2, Rerik, Mitte Mai – Mitte Sept. Di – So 14 – 16 Uhr, Mitte Sept. – Mitte Mai Sa 15 Uhr, So 16.30 Uhr (Führungen)
• Kirche Rerik, Besichtigung nur donnerstags 10 Uhr (Führung)

Auskunft
• Kurverwaltung Rerik, Dünenstraße 10, 18230 Rerik, Tel. 038296/429
• Kurverwaltung Kühlungsborn, Poststraße 20, 18225 Kühlungsborn, Tel. 038293/84920

Geeignetes Kartenmaterial
Ostseeküste von Wismar bis Rostock (1:75 000), nordland

7 Von Kühlungsborn über Heiligendamm nach Bad Doberan

Tourenlänge
5,5 km bis Heiligendamm, 11,5 km bis Bad Doberan

Durchschnittlicher Zeitbedarf
1 bzw. 2 Stunden Fahrtzeit

Etappe
Heiligendamm

Beschaffenheit des Geländes
Strand, Buchenwald

Beschaffenheit der Wege
Strand- und Waldweg

Verkehrssicherheit
Hoch, mit Ausnahme der Straßen in Kühlungsborn und Bad Doberan

Altersgruppe
Für Kinder ab 7 Jahren geeignet

Günstigste Jahreszeit
Von April bis Oktober

Interessantes am Weg
Klassizistisches Ensemble in Heiligendamm, Münster in Bad Doberan

Diese Radtour hat den Vorzug, daß man eine Teilstrecke oder den Rückweg von Bad Doberan mit »Molli« antreten kann, der dampfgetriebenen Bäderbahn zwischen Kühlungsborn West und Bad Doberan. Natürlich geht es auch umgekehrt: hin mit »Molli«, zurück per Rad.
Das **Ostseebad Kühlungsborn** besteht aus den Fischerdörfern *Arendsee* und *Brunshaupten* sowie dem *Hof Fulgen*. Sie wurden 1937 zum größten Seebad der deutschen Ostseeküste zusammengelegt und bekamen den Namen Kühlungsborn verpaßt. Die »Kühlung« ist ein Höhenzug, der sich südlich des Ostseebads von Bastorf bis Steffenshagen erstreckt; »Born« bedeutet Brunnen.
Die drei Ortsteile sind noch deutlich erkennbar: Aus Alt-Arendsee wurde Kühlungsborn West, Alt-Brunshaupten liegt etwa beim Haltepunkt Kühlungsborn Mitte und der alten Pfarrkirche, Fulgen findet man südöstlich der Seebrücke.
In Kühlungsborn entwickelt man seine Vorlieben. Dem einen gefällt das vornehme Kühlungsborn Ost, andere bevorzugen das einfache Kühlungsborn West, Dritte gehen am liebsten dazwischen im großen Stadtwald spazieren. Die Ortsteile Ost und West werden von der **Straße des Friedens** verbunden, einer Prachtstraße mit wunderschönen Villen mit starkem Einschlag zum Bäderstil, die überwiegend vor dem Ersten Weltkrieg erbaut wurden. Mit ihren Erkern und Türmchen, Freitreppen, Veranden und Balkonen suchen sie einander zu übertreffen. Eines der prachtvollsten Gebäude ist die ehemalige **Villa Hausmann** neben der Meereswasser-

Auf der Kurpromenade in Heiligendamm bietet sich ein ausgezeichneter Rundblick über die See.

Bunte Strandkörbe, feiner Sandstrand, blauer Himmel, weiter Blick: Im Ostseebad Kühlungsborn fühlen sich Jahr für Jahr Tausende von Besuchern wohl.

schwimmhalle, heute Baltic, die 1912 im neobarocken Stil errichtet wurde. Ausgangspunkt dieser Radtour ist die 240 Meter lange **Seebrücke in Kühlungsborn Ost**. Von dort sieht man *Heiligendamm* und seine Seebrücke, von weitem grüßt *Warnemünde* mit dem weißen Hotel Neptun. Der Radweg nach Heiligendamm verläuft am *Hochufer* an dichten Windschutzhecken vorbei, mit zahlreichen Durchlässen zum nahen Strand. An einem Parkplatz rechter Hand kann man zum Haltepunkt der Bäderbahn *Heiligendamm Steilküste* fahren.

Weiter auf dem Strandweg erreicht man nach einem Schwenk den **Kleinen Wohld**, einen schönen Buchenwald, den man auf guten Wegen durchquert. Linker Hand fährt man auf der *Kühlungsborner Straße* nach **Heiligendamm** hinein.

Heiligendamm, Ortsteil von Bad Doberan, wurde 1793 auf Empfehlung eines Arztes als *erstes deutsches Seebad* gegründet. Der große Aufschwung ließ bis 1839 auf sich warten, als die landesherrliche Familie einige Häuser bauen ließ. Wie die Inschrift auf dem großen Findling am Kurhausplatz verkündet, wurde der 50. Jahrestag des Seebads 1843 denn auch feierlich begangen. Prachtvollster Bau ist das in den Jahren 1814–1816 von Severin errichtete klassizistische **Kurhaus** mit breiter dorischer Säulenvorhalle. Überhaupt ist der Klassizismus mit seinen weißen, säulenbewehrten Großbauten vorherrschend.

Links vom Kurhaus erhebt sich **Haus Mecklenburg** von 1795/1796, gegenüber, gleich neben dem Findling, beeindruckt das Grandhotel von 1873.

Von der Seebrücke aus hat man einen guten Blick nach Warnemünde.

Wir radeln auf der *Kurpromenade* in Richtung Warnemünde weiter. Rechter Hand setzen sich die klassizistischen Prachtbauten mit den »Neuen Logierhäusern« fort. Am Ende der stattlichen Häuserreihe biegen wir rechts in die *Seedeichstraße* ein. Kurz vor der Kühlungsborner Straße beginnt links der Radweg längs der alten *Lindenallee*, eine der schönsten in Mecklenburg. Die Straße führt schnurgerade durch den Großen Wohld nach Bad Doberan.

In Bad Doberan endet der Radweg am Ehm-Welk-Haus, einem Literaturmuseum. Man fährt am besten rechts auf dem Gehweg weiter und biegt, dem »Molli«-Gleis folgend, in die *Goethestraße* ein. In der *Mollistraße*, einer Einbahnstraße, sollte man schieben. Wenn man Glück hat, schnauft »Molli« laut bimmelnd vorbei. Auch am *Alexandrinenplatz* sollte man absteigen und das Rad in die *Bahnhofstraße* schieben. Den Gleisen folgend, erreicht man bald den Bahnhof. Sie haben sich nun entschlossen, die Rückfahrt nach Kühlungsborn mit der Bäderbahn »Molli« anzutreten. Nicht nur für Kinder ist eine Fahrt mit der 900-Millimeter-Schmalspurbahn ein Erlebnis. Bimmelnd schiebt sich der Zug mit zehn Stundenkilometern durch Bad Doberan. Der Abstand zu den Häusern beträgt manchmal weniger als einen Meter. Längs der Lindenallee nach Heiligendamm beschleunigt »Molli« auf fünfzig Stundenkilometer. Die insgesamt 15,4 Kilometer lange Bahnstrecke wurde 1886 mit einem ersten Abschnitt zwischen Bad Doberan und Heiligendamm eröffnet, um Badegäste und Sommerfrischler schnell an die Küste bringen zu können. »Molli« hält an den Bahnhöfen Kühlungsborn Ost, Mitte und West, der Endstation.

Informationen zur Tour

A Anfahrt
Mit dem PKW oder mit »Molli« bis Kühlungsborn

Start Ausgangsort
Kühlungsborn Ost, Seebrücke

Ziel Zielpunkt
Bad Doberan

R Rückfahrt
Mit »Molli«, der Bäderbahn

Fahrradverleih
Ebert, Dünenstraße 6, Kühlungsborn, Tel. 038293/232

Übernachtung unterwegs
Kurhotel, Am Kamp, Bad Doberan, Tel. 038203/3036

Kinderfreundliche Bewirtung
Restaurant Palette, Kühlungsborner Straße 7, Heiligendamm; Tel. 038203/734

Öffnungszeiten
Stadtmuseum »Möckelhaus«, Bad Doberan, Beethovenstraße 8, Mo–Mi 10–12, 14–16 Uhr, Do u. Fr 14–16 Uhr, Sa 14–17 Uhr, Tel. 038203/2026

Auskunft
- Kurverwaltung Kühlungsborn, Poststraße 20, 18225 Kühlungsborn, Tel. 038293/84920
- Stadt-Information Bad Doberan (mit Heiligendamm), Goethestraße 1, 18209 Bad Doberan, Tel. 038203/2154
- Mecklenburgische Bäderbahn »Molli«, Tel. 038203/2400

Geeignetes Kartenmaterial
Ostseeküste von Wismar bis Rostock (1:75000), nordland

Mit dem Traditionszug »Molli« lassen sich ausgezeichnet Radtouren kombinieren.

8 Von Bad Doberan rund um den Conventer See

Tourenlänge
17 km

Durchschnittlicher Zeitbedarf
2,5 Stunden Fahrtzeit

Etappen
Rethwisch, Börgerende, Conventer See, Heiligendamm

Beschaffenheit des Geländes
Niederung, See, Deich und Strand, Wald

Beschaffenheit der Wege
Landwirtschaftliche Wege, Dorfstraße, Deichstraße

Verkehrssicherheit
Relativ hoch; Gefahrenpunkte Bad Doberan sowie die Überquerung der Landstraße in Rethwisch

Altersgruppe
Für Kinder ab 7 Jahren geeignet

Günstigste Jahreszeit
Von April bis Oktober

Wegmarkierung
Blauer Querstrich

Die Radtour führt von Bad Doberan im umgekehrten Uhrzeigersinn rund um den Conventer See. Nach Bad Doberan bieten sich drei Rückwege an: Vom Conventer See durch den Großen Wohld, von Heiligendamm mit »Molli«, der Bäderbahn, oder auf dem Radweg entlang der alten Lindenallee.
Diese außergewöhnlich abwechslungsreiche Radtour hat allerdings einen kleinen Nachteil: Die ersten Kilometer hinter Bad Doberan gehen über groben »Hosenträgerweg«, das ist ein Betonspuren-

weg für landwirtschaftliche Fahrzeuge. Robuste Fahrräder sollte man da schon haben.

In **Bad Doberan** begannen Zisterziensermönche 1171 mit dem Bau des ersten Klosters in Mecklenburg. Es wurde von den Slawen schon acht Jahre später zerstört. Die **Klosterkirche**, auch Münster genannt, wurde 1294–1368 als gotische Basilika erbaut. Bei diesem Bautyp überragt das hohe Mittelschiff die beiden seitlichen Langschiffe. Zisterzienser waren sehr gewissenhafte Baumeister: Verzierungen wurden meist vermieden, Türme waren verpönt – daher der kleine Dachreiter anstelle eines wuchtigen Turms. Hinter dem Münster steht das kleine **Beinhaus** von 1230, in dem die Gebeine aus alten Gräbern der Mönche aufbewahrt wurden.

Die Radtour beginnt im **Englischen Garten** neben dem Münster. Wir radeln über die weiße Holzbrücke zwischen Teich und der Westseite des Münsters, fahren geradeaus auf die Ruine **Wolfsscheune** zu, verlassen das klösterliche Grundstück und wenden uns jenseits der Mauer nach rechts bis zur *Bundesstraße*. Dort sollte man links auf dem Gehweg schieben. Nach 250 Metern beginnt vor einer Tankstelle links der *Plattenweg* nach *Neu-Rethwisch*.

Der Weg führt durch flaches Weideland, Ausläufer der Niederung der Doberaner Wiesen. Nach 3,5 Kilometern ist **Neu Rethwisch** erreicht. Dort fahren wir links auf der Dorfstraße nach Rethwisch weiter. Unterwegs sieht man alte rohrgedeckte Scheunen. **Rethwisch** kommt von Redewisch und bedeutet Riedwiese. Rechts der Straße steht die schöne **Dorfkirche** aus der 1. Hälfte des 14. Jh., eine dreischiffige Stufenhalle. Der verbretterte Westturm mit seinem überstehenden Pyramidendach wurde

Nach einer Radtour an der Ostseeküste kann man sich auf dem Kamp in Bad Doberan ausruhen, etwa bei Kaffee und Kuchen im großen Pavillon (hinten).

erst 1707 errichtet. Wenn möglich, sollte man das Kircheninnere besichtigen. Der spätgotische Schnitzaltar von 1530, die Chorfenster mit mittelalterlicher Glasmalerei aus dem 14. Jh. und die barocke Kanzel von 1666 mit reichem Knorpelwerk sind die bedeutendsten Kostbarkeiten des Gotteshauses. Nahbei steht das **Pfarrgehöft** mit Wohnhaus und Scheune aus dem 18. Jh.

Unmittelbar an der Kreuzung mit der stark befahrenen *Doberaner Straße* lädt der **Gasthof Kiebitzkrug** zur Rast ein. Jenseits der Kreuzung setzt sich Rethwisch fort. Linker Hand stehen einige Scheunen quer zur Straße und bilden abgegrenzte Höfe, an deren Stirnseite stattliche Wohnhäuser zu sehen sind.

Geradewegs radeln wir nach **Börgerende** hinein, ein typisches Wohndorf. Die *Börgerender Straße* führt geradewegs zur **Küste**. Dort liegen immer einige Fischerboote am Strand. Auf der verkehrsberuhigten Deichstraße fahren wir links weiter nach *Heiligendamm*. Zu beiden Seiten begrenzen Deich und

Mit Radlerhelm und fester Jacke hat sich dieses Mädchen für eine Fahrradtour »bei Wind und Wetter« längs der Ostseeküste bei Heiligendamm ausgerüstet.

Hecken die Sicht, allerdings gibt es zahlreiche Durchgänge zum nahen **Strand** – Einladung zu einer Rast mit Bad in der Ostsee.

Etwa 1,5 Kilometer hinter Börgerende stoßen wir auf den **Conventer See** mit der **Jemnitzer Schleuse**. Die weit ins Land ragende Mulde des Conventer Sees entstand in der letzten Eiszeit, später drang Meereswasser ein. Infolge der Küstenverlagerung wurde das flache Gewässer durch einen Geröllwall, den sogenannten heiligen Damm, von der See abgeriegelt. Der auf Meeresniveau befindliche Strandsee mit seinen großen Röhrichtflächen ist ein bedeutendes **Vogelbrut- und Vogelrastgebiet** und steht unter Naturschutz.

An der Jemnitzer Schleuse müssen Sie sich entscheiden: Wer mit der Bäderbahn »Molli« von Heiligendamm nach Bad Doberan zurückfahren möchte, radelt auf der Deichstraße weiter nach Heiligendamm (Rückfahrt siehe Tour 7).

Wir aber wollen weiter und radeln vom Parkplatz an der Schleuse landeinwärts, am Mühlenfließ entlang, in Richtung *Großer Wohld*. Zur Rechten der Bach, dahinter der Buchenwald, auf der linken Seite **»Die Salzen«**, eine sumpfige Wiesenlandschaft, erreicht man nach drei Kilometern bei einem *Fischteich* den **Fischersteig**, der rechts zur *Lindenallee* führt. Kurz vor der Landstraße wendet

man sich links auf dem Radweg durch den Wald nach Bad Doberan (weitere Fahrt siehe Tour 7).

Informationen zur Tour

Anfahrt
Bis Bad Doberan mit dem Pkw oder der Bahn

Ausgangsort
Bad Doberan, Münster

Zielpunkt
Rundtour um den Conventer See

Fahrradverleih
Harder, An der Krim, Bad Doberan, Tel. 038203/12738

Übernachtung unterwegs
Kurhotel, Am Kamp, Bad Doberan, Tel. 038203/3036

Kinderfreundliche Bewirtung
Restaurant »Palette«, Kühlungsborner Straße 7, Heiligendamm; Tel. 038203/734

Öffnungszeiten
Literatur-Museum Ehm-Welk-Haus, Dammchaussee 23, Bad Doberan, Di–Fr 10–12, 13–16 Uhr, Sa 13.30–16.30 Uhr, Tel. 038203/2325;
Münster, Mai–Sept. Mo–Sa 9–18 Uhr, So 12–18 Uhr, übrige Jahreszeit eingeschränkt

Auskunft
Stadt-Information Bad Doberan (mit Heiligendamm), Goethestraße 1, 18209 Bad Doberan, Tel. 038203/2154

Geeignetes Kartenmaterial
Ostseeküste von Wismar bis Rostock (1:75000), nordland

9 Von Warnemünde zum Gespensterwald Nienhagen

Tourenlänge
11 km

Durchschnittlicher Zeitbedarf
2 Stunden Fahrtzeit

Etappen
Stolteraa, Wilhelmshöhe, Gespensterwald Nienhagen

Steigung
Gering

Beschaffenheit des Geländes
Steilküste mit Geschiebeaufschluß, Küstenwald und Strand

Beschaffenheit der Wege
Waldwege, Asphaltstraßen

Verkehrssicherheit
Hoch, mit Ausnahme in Warnemünde

Altersgruppe
Für Kinder ab 7 Jahren geeignet

Günstigste Jahreszeit
Von April bis Oktober

Interessantes am Weg
Steilufer, Gespensterwald Nienhagen

Diese Radtour führt von Warnemünde an der Steilküste entlang bis zum Gespensterwald beim Ostseebad Nienhagen. Doch vorher sollte man sich unbedingt das Seebad Warnemünde ansehen, »Rostocks schönste Tochter«. Warnemünde war, wie viele der heutigen Ostseebäder, einmal ein Seefahrer- und Fischerdorf, das im 19. Jh. von den Städtern entdeckt wurde. Die Bewohner Warnemündes sahen in den Gästen

eine willkommene Einnahmequelle und bauten ihre Häuser aus.
Am Strom, Warnemündes Flaniermeile am Hafen, hat fast jedes der Kapitänshäuser eine Veranda als Vorbau. Sie sähen aus wie »angeklebt«, meinte schon der Schriftsteller Theodor Fontane. Hier, am **Alten Strom**, legen die Boote zur **Schiffsrundfahrt** ab, hier werden auf den Kuttern leckere Fischbrötchen angeboten. Von hier ist es nicht weit zum alten **Leuchtturm** von 1899 an der Hafenausfahrt und zur Westmole.
Dort pfeift immer der Wind, und gelegentlich schiebt sich einer der ganz großen Pötte vorbei. Anschließend bietet sich ein Spaziergang über die Seepromenade an, und danach empfiehlt sich ein Gang ins **Heimatmuseum**: Hier

Sturm bei Warnemünde: Wenn der Wind die Wellen über die Mole schlägt, bietet sich dem Besucher von der Promenade aus ein großartiges Schauspiel.

erfährt man etwas über die Warnemünder Tracht, die alte Badeordnung, das Lotsenwesen und die Seenotrettung, den Aufstieg zum Seebad, den Streit der Warnemünder Fischer mit denen aus Rostock und über das Sandfahren, mit dem die Frauen ihr Geld verdienten.
Unsere Radtour beginnt **Am Strom**.
Zwei Wege bieten sich an: über die Seepromenade oder die Mühlenstraße. Offiziell darf man auf der Seepromenade nicht radeln, doch wenn nicht gar so viele Spaziergänger unterwegs sind und bei genügend Umsicht kann man auf der breiten Anlage ohne weiteres fahren. Man radelt vom Strom zum **Leuchtturm**, biegt links ab und fährt immer geradeaus, vorbei am **Hotel Neptun**. Hinter der Vordüne erstreckt sich der breite **Sandstrand**, für den Warnemünde so bekannt ist.
Zur *Mühlenstraße* radeln wir nun vom Strom rechts in die *Kirchenstraße*, umfahren die *Kirch*e und radeln durch die Mühlenstraße. Links in einem Durchgang kommt man zum *Restaurant Meyer's Mühle*. Geradeaus geht es in die Parkstraße, Achtung an der Kreuzung. Auf dem Radweg rechts fährt man weiter, beim *Hotel Stolteraa* kann man zum Strandweg fahren.
Wir fahren nun auf dem Radweg längs der Küste *nach Westen*, Warnemünde liegt hinter uns.
Westlich von Warnemünde beginnt bereits die **Stolteraa**, ein etwa 1,5 Kilometer langes Kliff, an dessen Rand vor über hundert Jahren ein schöner Wanderweg angelegt wurde, der sich auch für Radtouren eignet. Wir radeln durch den küstennahen *Wald* bis zu einem weißgestrichenen Metallgeländer. Es sperrt zwei eng beieinander liegende *Schluchten* ab, die wir in Richtung Parkplatz umfahren. Drüben geht es wieder zum Hochufer,

geradewegs auf einen bekannten Ausflüglerort zu, die Wilhelmshöhe. Das über 100 Jahre alte Lokal wurde vor kurzem durch ein modernes Hotel-Restaurant mit Imbiß-Kiosk ersetzt.
Auf Wilhelmshöhe sah es nicht immer so aus wie heute: Gegen Ende des letzten Jahrhunderts war die gesamte Küstengegend abgeholzt. Im Zuge des aufkommenden Bädertourismus entdeckte man die Schönheit des Hochufers neu und forstete auf. Bei Wilhelmshöhe beginnt das schönste Stück der Steilküste, die Stolteraa. Diese Steilküste ist ein von den Gletschern der letzten Eiszeit geschaffener riesiger Lehm-, Geröll- und Schuttberg, den die Brandung und die Stürme der Ostsee zum Teil abgetragen haben. Wissenschaftler nennen die Steilküste, die ständig von der See neu abgearbeitet wird, einen »*Aufschluß*«. Man kann dort nämlich gut sehen, wie eine *Grundmoräne* im Innern beschaffen ist. Wissenschaftler erkennen da Stauchungen und Faltungen, Überschiebungen, Einpressungen und Verschuppungen. Am besten, man läßt die Räder oben stehen und sieht sich das einmal von unten an, vom Strand.
Die Brandung, die den Geschiebeaufschluß ständig abarbeitet, trägt den Sand und feinen Kies weiter nach Warnemünde und zum Darßer Ort hinüber. Warnemündes breiter Strand hat hier seinen Ursprung. Das auf diese Weise entstandene Kliff ist bis heute aktiv und wird vor weiterem Abbruch nicht geschützt. Auf Grund der sonnenarmen Lage nach Norden können hier nur Spezialisten unter den Tieren und Pflanzen leben, zum Beispiel die Uferschwalbe, die in engen Röhren im Steilhang nistet.
Vorsicht – an die Kliffkante sollte man nicht zu nahe herantreten, es besteht Absturzgefahr!

Im Gespensterwald bei Nienhagen gibt es keine Gespenster, doch die schiefen Buchen haben die Phantasie der Bewohner schon immer angeregt.

Am Geinitzort mit dem Geinitzstein endet die Stolteraa. Unter »Ort« versteht man eine herausragende Stelle der Küste, ähnlich einer Landzunge.
Längs dem Hochufer geht es weiter in Richtung Nienhagen. Nach Regenfällen muß man hier mit schlammigen Wegstrecken rechnen. Nach fünf Kilometern ist der Gespensterwald Nienhagen erreicht. Man sagt »Gespensterwald«, weil die zahlreichen Rotbuchen durch den Wind so stark zerzaust sind. Fachleute sprechen von »Windschur«. Der Buchenwald mit vereinzelten Birken und Eichen reicht bis nah an die neun Meter hohe Kliffrandküste heran. Die Sturmwellen unterspülen auch hier die Steilküste, legen große Steine bloß, die auf den Strand poltern, und waschen die Wurzeln der Bäume frei. Von dem spärlichen Unterwuchs des Waldes sollte man sich nicht täuschen lassen:
Hier wachsen mit dem Stattlichen Knabenkraut und der Grünlichen Waldhyazinthe zwei seltene Orchideenarten, die unter Naturschutz stehen.
Einige Parkbänke laden zur Rast ein.
Die Rückkehr empfiehlt sich auf derselben Route.

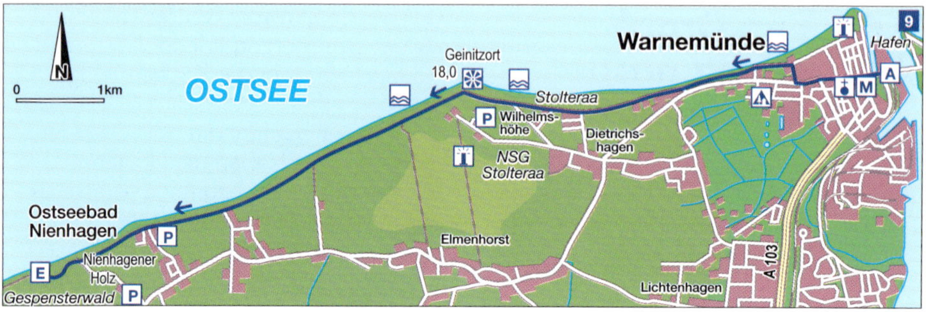

Informationen zur Tour

Anfahrt
Mit dem PKW oder der S-Bahn bis Warnemünde

Ausgangsort
S-Bahnhof Warnemünde

Zielpunkt
Gespensterwald Nienhagen

Rückfahrt
Auf derselben Strecke

Fahrradverleih
Wilhelm Meyer, Am Leuchtturm 16, Warnemünde, Tel. 0381/5191955

Übernachtung unterwegs
Pension Wilhelmshöhe, Diedrichshagen, ab Sommer 1996

Kinderfreundliche Bewirtungen
- Meyer's Mühle, Mühlenstraße 44, Warnemünde, Tel. 0381/54250
- Restaurant Wilhelmshöhe, Diedrichshagen, ab Sommer 1996

Öffnungszeiten
Heimatmuseum, Alexandrinenstraße 30/31, Warnemünde, Di – So 11 – 18 Uhr, Tel. 0381/52667

Auskunft
Fremdenverkehrsverein Warnemünde, Heinrich-Heine-Straße 17, 18119 Rostock-Warnemünde, Tel. 0381/51142

Geeignetes Kartenmaterial
Ostseeküste von Wismar bis Rostock (1:75000), nordland

Kurz vor der neuerbauten Ausflügler-Gaststätte Wilhelmshöhe werden Radler um zwei tiefeingeschnittene Schluchten herumgeleitet.

10 Von Graal-Müritz nach Klockenhagen

Tourenlänge
9 km

Durchschnittlicher Zeitbedarf
1 Stunde Fahrtzeit

Beschaffenheit des Geländes
Mischwald, Acker- und Weideland

Beschaffenheit der Wege
Asphalt- und Waldwege, Plattenwege

Verkehrssicherheit
Hoch

Altersgruppe
Für Kinder ab 7 Jahren geeignet

Günstigste Jahreszeit
Von April bis Oktober

Interessantes am Weg
Mischwald der Rostocker Heide

Wegmarkierung
Gelber Querstrich

Diese Radtour führt vom Seebad Graal-Müritz durch den Mischwald der Rostocker Heide zum Freilichtmuseum Klockenhagen, in dem man das Bauernleben in Mecklenburg kennenlernen kann.
Obwohl die größte Attraktion von **Graal-Müritz** die waldreiche Umgebung mit seinen zahlreichen **Naturschutzgebieten** ist, bietet auch der Ort selbst einige Sehenswürdigkeiten, beispielsweise die neue **Seebrücke** und die evangelische **Kirche** mit dem umliegenden Kirchhof zwischen den Ortsteilen Graal und Müritz. Sie wurde am 18. Oktober 1908 in Gegenwart von Mecklenburgs letztem Großherzog Friedrich Franz IV. – sein Bild hängt in der Kirche – eingeweiht.
Die Radtour beginnt am **Bahnhof von Graal-Müritz**. Neben dem kleinen Bahnhofsgebäude beginnt der *Graaler Landweg*, eine schmale Asphaltstraße mit wenig Verkehr. Wir radeln immer geradeaus auf dem Graaler Landweg, der nach dem Abzweig des Kiefernwegs in einen schwarzen Waldweg übergeht. Nach etwa 800 Metern biegen wir in den ersten breiten Weg nach rechts ein. Diesen Waldweg, der geradewegs nach *Gelbensande* führt, verlassen wir nach etwa 600 Metern, an der zweiten größeren Abzweigung nach links, der *Glähnsädschneise*. Kurz vorher ist der Waldweg stark geschottert, linkerhand erstreckt sich eine große

Der weite Wald der Rostocker Heide - hier beim Ostseebad Graal-Müritz - ist durch seine Farbkontraste bei jedem Wetter eine Augenweide.

Lichtung. Die Glähnsädschneise führt durch die *Rostocker Heide* nach Osten bis *Neu Hirschburg*.
Die **Rostocker Heide** erstreckt sich vom Breitling, der Ausbuchtung der Warnow südlich von Warnemünde, bis zum Ribnitzer Bodden im Osten. Sie ist eines der größten geschlossenen Waldgebiete der Mecklenburg-Vorpommerschen Ostseeküste. Der Name »Rostocker Heide« reicht Jahrhunderte zurück, als durch starke Abholzung eine Heidelandschaft entstanden war; heute trifft man Heide selten an. Die großen Bestände an Rotbuchen und Eichen sind unterbrochen von Birken- und Erlenbrüchen, Kiefernforsten sowie von Hochmooren an der Küste.
Wir sind inzwischen auf der Glähnsädschneise nach Osten durch den Wald der Rostocker Heide gefahren. Der Waldweg endet an einer *T-Kreuzung*, an der rechter Hand eine riesige, zum Teil verkrüppelte Eiche steht. Wir biegen rechts in den Feldweg ein, der am *Waldrand* entlang zu einer großen Kreuzung verläuft. Die Route führt dort nach links an einigen Wohnhäusern vorbei in Richtung *Neu Hirschburg*. Nach etwa 200 m, bei zwei neuen Wohnhäusern links des Wegs, eines davon ein blaugestrichener Holzbau mit weißen Fensterläden, biegen wir rechts ab und radeln auf einer wenig befahrenen Asphaltstraße durch Weideland. Unterwegs führt die Route auf einer behelfsmäßigen Brücke aus Metallrohren über den *Körkwitzer Bach;* hier sollte man unbedingt absteigen und schieben. Bei einem Betonplatz, Rangierfläche für Ackerfahrzeuge, führt links der schmale *Altheider Weg* geradeaus zum **Freilichtmuseum Klockenhagen**.
Klockenhagens erste urkundliche Erwähnung fällt in das Jahr 1332, das Dorf wurde aber bereits im 13. Jh. im Zuge der Ostkolonisation gegründet. Darauf deutet schon der Name hin: »Hagen«-Dörfer sind Rodungssiedlungen, die im dichten Wald erst nach mühsamem Abholzen angelegt werden konnten. Damals kamen Siedler aus Niedersachsen, Friesland, Westfalen und anderen Gegenden über die Elbe und verdrängten die heidnischen Slawen, um deren Land in Besitz zu nehmen.
Im Freilichtmuseum Klockenhagen lernt man typische Mecklenburger Gehöfte des 18. und 19. Jh. kennen: Bauernhäuser und Scheunen, kleine Taglöhnerkaten, Backhaus und Spritzen-

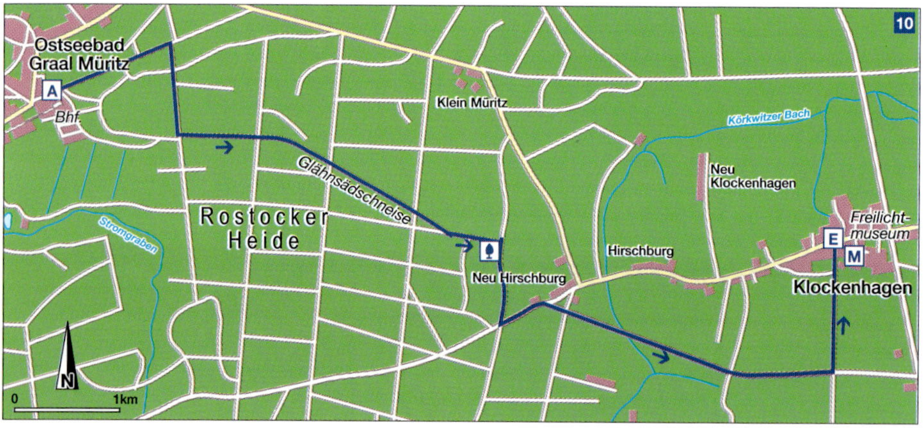

Im Freilichtmuseum Klockenhagen - hier das Haus Strassen mit seinem prachtvollen Schaugiebel - begreift der Besucher die Bauweise des niederdeutschen Hallenhauses.

haus. Die meisten sind vom Typ niederdeutsches Hallenhaus. Es besteht aus Fachwerk mit Lehmfüllung, hat ein weit herunterreichendes Rohrdach und bot alles und allem Platz – dem Bauern und seiner Familie, Knecht und Magd, dem Vieh, Korn und Stroh. Namengebend ist die Konstruktion: Das Dach ruht auf einem Gerüst aus zwei Reihen von Holzstämmen, die innerhalb des Hauses verlaufen. Sie bilden eine große Halle und zwei schmale »Abseiten« an den Außenseiten.

In Klockenhagen selbst hat es zu keiner Zeit so ausgesehen, denn die Gebäude des Museums standen mit einer Ausnahme ganz woanders in Mecklenburg. Sie wurden sachkundig abgebaut und in Klockenhagen wieder zusammengesetzt. Die große Ausnahme ist Hof IX, ein niederdeutsches Hallenhaus von 1700 mit einer um 1800 errichteten Scheune samt Ziehbrunnen. Es stand schon immer in Klockenhagen, der letzte Einwohner überließ es 1970 dem Museum. Aus Strassen an der Elbe stammt das Haus mit dem schönsten Schaugiebel des Museums: »Hans Margwart, Maria Margwart Anno 1671« steht über dem Tor geschrieben.

Für Kinder gibt es viel zu sehen: Schafe grasen in einem Gehege mitten auf dem Museumsgelände, Gänse schnattern aufgeregt, wenn man in ihre Nähe kommt, ein Backhaus will erkundet werden, eine Bockwindmühle wirft Rätsel auf. In einer Ausstellung lernt man auch die Arbeits- und Lebenswelt der Bauern- und Tagelöhnerfamilien kennen. Da die Straße über Klein-Müritz stark befahren ist, sollte man auf demselben Weg zurück nach Graal-Müritz fahren.

Informationen zur Tour

Anfahrt
Mit dem PKW oder der Bahn bis Graal-Müritz

Ausgangsort
Bahnhof Graal-Müritz

Zielpunkt
Freilichtmuseum Klockenhagen

Rückfahrt
Auf demselben Weg

Fahrradverleih
H. Thon, Birkenallee 32, Graal-Müritz, Tel. 038206/79805

Übernachtung unterwegs
Seehotel Düne, Strandstraße 64, Graal-Müritz, Tel. 038206/79772-3

Kinderfreundliche Bewirtung
Museums-Gaststätte im Haus Strassen, Museum Klockenhagen

Öffnungszeiten
- Heimatstube – Museum, Parkstraße 21, Graal-Müritz, Mo – Di 8.30–12.30, 13–16 Uhr, Do 8.30–12.30, 13.30–16 Uhr, Fr 8–12 Uhr, Tel. 038206/599;
- Freilichtmuseum Klockenhagen, April–Okt. tägl. 9–17 Uhr, Tel. 03821/2775

Auskunft
Kurverwaltung Graal-Müritz, Ribnitzer Str. 11, 18181 Graal-Müritz, Tel. 038206/7030

Geeignetes Kartenmaterial
Fischland-Darß-Zingst und Recknitztal (1: 75000), nordland

11 Von Ahrenshoop nach Born und Wieck

Tourenlänge
30 km, über Born und Linder Weg 21 km

Durchschnittlicher Zeitbedarf
3 bzw. 2 Stunden Fahrtzeit

Etappen
Born, Wieck, Großer Stern, Ahrenshoop

Beschaffenheit des Geländes
Buchtenreiche, verschilfte Uferlandschaft des Saaler Boddens, Wiesen, Darßer Wald

Beschaffenheit der Wege
Asphaltierte landwirtschaftliche Wege, Schotterwege, schattige Waldwege, zum Teil Plattenwege

Verkehrssicherheit
Hoch; mit Ausnahme der Dorfstraße in Ahrenshoop, der Überquerung der Landstraße bei Born und Wieck

Altersgruppe
Für Kinder ab 7 Jahren geeignet

Günstigste Jahreszeit
Vogelzugzeit im September und Oktober; sonst von April bis Oktober geeignet

Besondere Ausrüstung
Sonnenschutz, Fernglas

Interessantes am Weg
Zugvögel, Boddenlandschaft, Darß

Wegmarkierung
Verschiedene Zeichen (siehe Text)

So mancher Besucher, der die Steilküste bei Ahrenshoop liebgewann, hat die andere Seite des Ostseebads vergessen, den Bodden. Dort geht es still, fast einsam zu.
Die folgende Radtour läßt sich je nach Belieben selbst zusammenstellen. Das

beginnt schon in Ahrenshoop: In Althagen erreicht man auf dem Hafenweg den Bodden; im Norden von Ahrenshoop wählt man den *Paetowweg*, um auf den *Boddenweg* zu stoßen. Wir radeln im Ortsteil Althagen von der Hauptstraße durch den Hafenweg zum Hafen. Dort bietet sich eine Rast im Räucherhaus an. Wer mag, kann einen kleinen Törn auf dem Bodden unternehmen. Hinter dem Räucherhaus geht es weiter nach *Born*. Der Weg ist nur eine kurze Strecke schlecht, dann ist man mitten in der Bleiche. Sanft fällt das Gebiet von Ahrenshoop zum Bodden mit seinen schilfbestandenen Ufern ab.
Auf dem Saaler Bodden sieht man Fischerboote, gelegentlich taucht auch das rotbraune Segel eines *Zeesbootes* auf, eines der alten Fischerboote. *Bodden* sind flache Gewässer, die zur See offen sind. Da sie zudem von Flüssen gespeist werden, sind sie sehr fischreich. Im Herbst, wenn die *Zugvögel* auf dem Gewässer rasten, bietet sich ein ergreifendes Naturschauspiel.
An dem rotweißen Sendemast erkennt man den flachen Schifferberg. Dort errichteten die Schweden im 17. Jh. eine Schanze. Kaum 100 Meter weiter beginnt das Ahrenshooper Holz. Der urwüchsige Buchen-Eichenwald ist einer der wenigen Standorte der bis zu vier Meter hohen *Stechpalme (Ilex)* in Deutschland.
Kurz hinter dem Ahrenshooper Holz führt der Weg rechts ab zum Boddenufer. Von dort – wir befinden uns in der *Werre* – geht es links weiter nach Born. Auf dem niedrigen Deich mit dem feingeschotterten Weg unmittelbar am *Boddenufer* läßt sich vorzüglich radeln – vorausgesetzt, man hat keinen Gegenwind. Die Aussicht am Nordufer des Saaler Boddens ist atemberaubend:

Der rohrgedeckte Kunstkaten mit seinen lustigen Pferdeköpfen am Giebel ist einer der wichtigen Orte der ehemaligen Künstlerkolonie Ahrenshoop.

Halbrechts, in Richtung Südwest, ragt der sechs Kilometer entfernte *Hohe Ort* bei Wustrow hervor. In Richtung Südosten erkennt man die Schilfinseln des *Borner Bülten* und des *Neuendorfer Bülten.*
Am Schöpfwerk heißt es, den Boddenweg nach links zu verlassen, denn geradeaus versperrt der Campingplatz den Weg. Der *Betonplattenweg* gestattet nur

Zur Steilküste bei Ahrenshoop ist die flache Boddenlandschaft mit dem Röhrichtsaum ein starker Kontrast. Hier radelt es sich ruhig und ungestört.

ein gemächliches Tempo. Nach rund 500 Metern biegt man rechts ab, nach kurzer Strecke nochmals rechts – und **Born** am Koppelstrom ist erreicht. Auf der Nordstraße geht es in den langgestreckten Ort hinein.
Nordstraße, Schulstraße und Chausseestraße folgen exakt dem Verlauf des nahen Boddenufers. Am Beginn der Chausseestraße kann man nach rechts einen Abstecher zum **Hafen** unternehmen. Auch in Born lebten Seefahrer und Fischer, wie man an den Häusern bis heute erkennt. Guterhaltene **Fischerhäuser** sind Chausseestraße 17 und 45, beide Mitte des 19. Jh. errichtet, und Chausseestraße 54 (von 1859). Von der Oberförsterei (Chausseestraße 64) steht noch das Wohnhaus von 1771.
Von Born bietet sich eine Rückfahrt nach Ahrenshoop auf dem *Linder Weg* an. Dazu fährt man von der Chausseestraße links an der Kurverwaltung vorbei, überquert die stark befahrene Landstraße und erreicht auf dem Linder Weg (*Wm. »Pilze«*) den Großen Stern. Parallel zum Sandweg gibt es einen besser befahrbaren Weg durch den Wald. Vom Großen Stern erreicht man, der *Wegmarkierung (Wm.) »Blatt«* folgend, **Ahrenshoop** (siehe Tour 12).
Wenn man aber jetzt abbräche, würde man das schöne Boddenufer zwischen Born und Wieck verpassen. Am Ende der Chausseestraße in Born, bei drei Ferienhäusern, biegt rechts der *Bliesenrader Weg* nach Wieck ab (4,6 km). Nach 100 Metern geht es links auf einem Kiesschotterweg weiter. Einen groben Plattenweg muß man hier in Kauf nehmen. Eine Strecke fährt man durch den Wald, dann biegt links, bei einem Rastplatz, der Uferweg nach Wieck ab. Man fährt auf einer Art Sommerdeich mit festem Radweg am Bodden entlang nach Wieck. Das Schilf ist zum Greifen nah, ab und zu sieht man ein Boot am Ufer liegen.
Das ehemalige **Seefahrer- und Fischerdorf Wieck**, malerisch am Bodstedter Bodden gelegen, war in der hohen Zeit der Segelschiffahrt im 19. Jh. das reichste Dorf auf dem Darß. In Wieck gab es sogar Werften. Heute hat man eher den Eindruck, daß Wieck etwas abseits liegt. Schöne Fischerhäuschen findet man in Südkaten 3 und 8 sowie Nordkaten 41. Die Gaststätte Bauernreihe 20, um 1800 erbaut, war früher das Schulzenhaus.
Vom Wiecker Hafen kommend, biegen wir links in die Straße *Müggenberg* ein und stehen vor der Kurverwaltung und der Ausstellung zum Nationalpark. Auf der Straße *Nordseite* überqueren wir die starkbefahrene Landstraße, fahren weiter auf der Nordseite – und haben den Alt-Darß vor uns.
Der **Alt-Darß** ist jener Teil der Halbinsel, der durch den Einfluß der letzten Eiszeit entstand, die vor 10 000 bis 15 000

Auf dem Radweg nach Wieck schweift der Blick über die einsame Boddenlandschaft, sucht nach einer Orientierung und verliert sich doch in der Ferne.

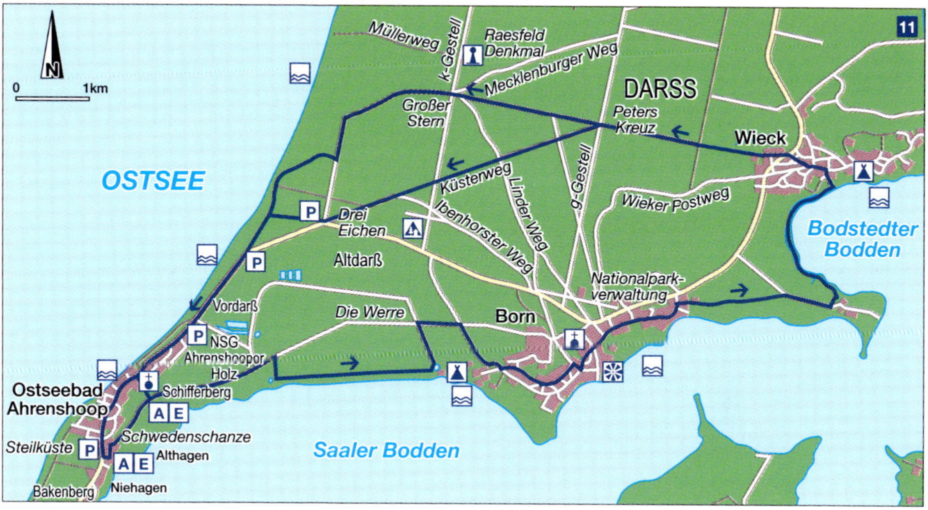

Jahren endete. Der Boden setzt sich aus Sanden zusammen, die die Schmelzwasserströme abluden. Nun geht es (Zeichen »Hufe«) geradeaus bis zu Peters Kreuz. Dort hat man die Wahl: halblinks auf dem (kürzeren) Küsterweg über Drei Eichen oder geradeaus zum Großen Stern. Beide führen nach Ahrenshoop.

Informationen zur Tour

Anfahrt
Mit dem Pkw bis Ahrenshoop

Ausgangsort
Ahrenshoop, Ortsteil Althagen, Hafenweg; oder Hauptdorf Ahrenshoop, Paetowweg

Zielpunkt
Rundfahrt über Born, Wieck, den Darß

Fahrradverleih
Gielow, Dorfstraße 21, Ahrenshoop, Tel. 038220/80134;
Neumann, Im Moor 2, Born, Tel. 038234/272

Übernachtung unterwegs
Hotel-Pension »Möwe«, Schifferberg 16, Ahrenshoop, Tel. 038220/608-0

Kinderfreundliche Bewirtungen
- Café Buhne 12, Grenzweg 12, Ahrenshoop, Tel. 038220/232
- Café TONART, Chausseestraße 58, Born, Tel. 038234/416

Öffnungszeiten
Ausstellung zum Nationalpark, Bliesenrader Weg 1, Wieck (Öffnungszeiten bei der Kurverwaltung Wieck)

Auskunft
Kurverwaltung Ahrenshoop, Kirchnersgang 2, 18347 Ahrenshoop, Tel. 038220/234;
Kurverwaltung Born, Chausseestraße 75, 18375 Born, Tel. 038234/208;
Kurverwaltung Wieck, Bliesenrader Weg 2, 18375 Wieck, Tel. 038233/201

Geeignetes Kartenmaterial
Fischland-Darß-Zingst und Recknitztal (1: 75000), nordland

12 Von Ahrenshoop durch den Alt-Darß und Neu-Darß

Tourenlänge
10 km bis Weststrand (Müllerweg)

Durchschnittlicher Zeitbedarf
1–2 Stunden Fahrtzeit

Etappen
Großer Stern, Weststrand

Beschaffenheit des Geländes
Deich, Wald, Strand

Beschaffenheit der Wege
Radweg auf dem Deich, schattige Waldwege (zum Teil Plattenweg)

Verkehrssicherheit
Hoch, mit Ausnahme in Ahrenshoop

Altersgruppe
Für Kinder ab 7 Jahren geeignet

Günstigste Jahreszeit
Von April bis Oktober

Besondere Ausrüstung
Badesachen, Sonnenschutz und Verpflegung

Interessantes am Weg
Vielfältige Vegetationszonen, altes Meeresufer am Großen Stern, Strand

Wegmarkierung
Verschiedene Zeichen (siehe Text)

Ahrenshoop, das bekannteste Seebad der Halbinsel Fischland-Darß-Zingst, verdankt seinen Ruhm der nach 1880 entstandenen *Künstlerkolonie* – und der **grandiosen Steilküste** an der Westküste. Das Steilufer beginnt bei Wustrow und zieht sich bis zum Grenzweg zwischen Althagen und Ahrenshoop. Am Rand des hohen Ufers (mit Strandabgängen) verläuft ein schmaler Fußweg, den man mit dem Rad nicht befahren sollte.

Die folgende Radtour führt durch den **Darßer Wald**, eines der **interessantesten Waldgebiete Deutschlands** (vgl. Tour 13). Unterwegs gibt es keine Restaurants, es sei denn, man radelt bis zum Leuchtturm Darßer Ort. Insofern sollte man die *Proviantfrage* gut bedenken – und vor allem die *Badesachen* nicht vergessen.

Wir radeln auf der Dorfstraße durch Ahrenshoop in *Richtung Norden*. Am Strandübergang 7 wechseln wir die Straßenseite und fahren links auf dem **Landesschutzdeich** (Radweg) weiter. Dort, wo die Kernzone des **Nationalparks Vorpommersche Boddenlandschaft** beginnt, informiert eine Tafel über den mit 805 Quadratkilometern **größten Nationalpark der neuen Bundesländer** (Landfläche 118 qkm, Wasserfläche 687 qkm), der eine der wenigen natürlichen Großlandschaften Mitteleuropas schützt. Seine Besonder-

»Fahrräder und Pferde hier anbinden«, sagt dieses Schild in Ahrenshoop. Soweit bekannt, hat bisher noch kein Reiter sein Pferd hier festgemacht.

heit sind verschiedene Formen einer natürlichen *Ausgleichsküste* längs der Ostsee (Steilküste, Dünen, Strandseen, Nehrungen, Windwatte), die *Boddenlandschaft* (Bodden sind lagunenartige flache Buchten der Ostsee, durch Inseln oder Halbinseln von der See abgetrennt), der große *Vogelreichtum* und der urwüchsige *Darßer Wald*.
Wir folgen dem Weg nach Norden in Richtung Großer Stern bzw. Leuchtturm (*Wm. »Leuchtturm«*).
Nach kurzer Strecke verläßt der Radweg den Deich und schwenkt nach rechts in den Wald, um nach wenigen hundert Metern nach links in Richtung *»Großer Stern«* abzubiegen. Am Großen Stern, wo fast alle Waldwege auf dem Darß zusammenlaufen, bietet sich eine gute Gelegenheit zur Rast – sofern an den Holztischen Platz ist.
Man unterscheidet den **Alt-Darß** (er wurde durch die Gletscher der letzten Eiszeit geschaffen, die vor 10 000 bis 12 000 Jahren endete) und den **Neu-Darß** im Norden (er entstand erst vor 2500 bis 3000 Jahren durch den Einfluß der Ostsee). Der Rastplatz am Großen Stern liegt noch auf dem Alt-Darß, das alte Meeresufer, also die Grenze zwischen Alt-Darß und Neu-Darß, verläuft einige hundert Meter weiter nördlich. Um den schönsten Teil des bis zu sieben Meter hohen Kliffs zu sehen, sollte man vom Großen Stern einen Abstecher auf den Mecklenburger Weg (*Wm. »Buchenblatt«, Richtung Prerow*) unternehmen. Am Rand des Altdarß-Kliffs stehen uralte Rotbuchen.
Zurück am Großen Stern, geht es weiter auf dem k-Gestell, einer forstwirtschaftlichen Trasse, in Richtung Leuchtturm (*Wm. Watvogel*). Jenseits des alten Meeresufers beginnt der **Neu-Darß**, ein durch die stete Abfolge von *Reffs* (sandi-

gen Strandwällen) und *Riegen* (feuchten Senken) stark gegliederter Wald. Während auf den etwas erhabenen Strandwällen Kiefern, Buchen, Wacholderbüsche und Zwergsträucher wachsen, trifft man in den Senken vor allem die Erle an. Die auffällige Staffelung ist eine Folge der Entstehung des Neu-Darß', die sich gut am Darßer Ort verfolgen läßt: Die Ostsee lagert an der Nordseite Sand an, der bei starkem Wind zu Strandwällen aufgeworfen wird. Diese schnüren Wasserflächen ab, die allmählich vermooren.
Die verschiedenen **Vegetationszonen** sind sehr vielfältig. Da gibt es – unmittelbar nördlich des Großen Stern – breite Zonen eines Blaubeer-Kiefernwaldes, durchsetzt von schmalen Streifen eines Pfeifengras-Birken-Stieleichenwaldes und eines Brennessel-Erlenwaldes. Etwa 2,5 Kilometer nördlich des Großen Stern beginnen Zonen eines Pfeifengras-Eichen-Buchenwaldes, durchzogen von Erlensümpfen und Erlenbrüchen.
So interessant der Weg nach Norden auch ist, man sollte unbedingt einmal

zum Weststrand radeln. Empfehlenswert ist der *Müllerweg*, der am Raesfeld-Denkmal nach Westen abzweigt. Der gut befahrbare Pfad führt mitten durch den urwüchsigsten Teil des Neudarß'. Am Weststrand sieht man viele »Windflüchter«, vom Wind völlig verbogene Kiefern.
Unterwegs auf dem k-Gestell bieten sich weitere Möglichkeiten, zum Weststrand abzubiegen, doch nicht alle Wege sind auf Grund von Sandstrecken gut befahrbar. Die Rückkehr nach Ahrenshoop empfiehlt sich auf dem k-Gestell.

Informationen zur Tour

Anfahrt
Mit dem PKW bis Ahrenshoop

Ausgangsort
Ahrenshoop, Parkplatz am Sparmarkt

Zielpunkt
Weststrand (Müllerweg)

Rückfahrt
Auf demselben Weg

Fahrradverleih
Gielow, Dorfstraße 21, Ahrenshoop, Tel. 038220/80134

Übernachtung unterwegs
Pension Café Namenlos, Dorfstraße 44, Ahrenshoop, Tel. 038220/80156

Kinderfreundliche Bewirtung
Café Namenlos, Dorfstraße 44, Ahrenshoop, Tel. 038220/80156; Café Buhne 12, Grenzweg 12, Ahrenshoop, Tel. 038220/232

Öffnungszeiten
Kunstkaten Ahrenshoop, Strandweg 2, Tel. 038220/80308, Mai–Okt. tägl. 10–13, 14–17 Uhr

Auskunft
Kurverwaltung Ostseebad Ahrenshoop, Kirchnersgang 2, 18347 Ahrenshoop, Tel. 038220/234

Geeignetes Kartenmaterial
Fischland-Darß-Zingst und Recknitztal (1:75 000), nordland;
Fischland-Darß-Zingst-Spezial, (Ortspläne 1:11 500), nordland

Am kilometerlangen Weststrand des Darß hat der ständig wehende Westwind die uralten Kiefern zu bizarren »Windflüchtern« umgeformt.

13 Von Prerow zum Leuchtturm Darßer Ort

Tourenlänge
4,5 km

Durchschnittlicher Zeitbedarf
1 Stunde Fahrtzeit

Steigung
Gering

Beschaffenheit des Geländes
Kiefern- und Laubmischwald, Strand

Beschaffenheit der Wege
Schattige Waldwege mit einigen kurzen Sandstrecken; guter Plattenweg

Verkehrssicherheit
hoch, kein Autoverkehr

Altersgruppe
Für Kinder ab 7 Jahren geeignet

Günstigste Jahreszeit
Hochsommer, sofern Baden im Mittelpunkt steht; sonst von April bis Oktober geeignet

Besondere Ausrüstung
Sonnenschutz, Badesachen

Interessantes am Weg
Neudarß, Strandwälle, Binnendünen

Wegmarkierung
Zeichen »Leuchtturm«

Sonne, Blumen, Ornamente - die Haustüren in Prerow variieren einfache Grundmuster.

Prerow gilt unter Kennern als das schönste Seebad der Halbinsel Fischland-Darß-Zingst. Das sehr weiträumig angelegte ehemalige Seefahrerdorf läßt sich am besten mit dem Fahrrad erkunden. Die Kapitänshäuser mit den farbenfrohen Haustüren – die schönsten stehen in der *Grünen Straße* und *Buchenstraße* – wurden auf Strandwällen errichtet. Die bedeutendste Sehenswürdigkeit Prerows ist die 1726–1728 errichtete Seefahrerkirche der Halbinsel. Von der Ausstattung beeindrucken der barocke Kanzelalter, die Taufkapelle und die alten Schiffsmodelle.
Südlich der Kirche findet man – direkt an der Landstraße nach Zingst – den Hafen. Von dort gelangt man über die *Hafenstraße*, rechts ab in die *Strandstraße* und über die *Waldstraße* (Radweg) nach rechts zum *Bernsteinweg*, wo die Radtour zum Leuchtturm beginnt. Unterwegs passiert man in der Waldstraße das Darß Museum Prerow, das man besuchen sollte. Was es mit den bunten Prerower Haustüren auf sich hat, was der Prerow-Strom ist, wie es in einem Kapitänshaus aussah – hier erfährt man es.
An der Kreuzung Bernsteinweg/Villenstraße beginnt links der Waldweg zum Leuchtturm. Dies ist der Ausgangspunkt der Radtour, die durch den Neu-Darß

führt, eines der **interessantesten Waldgebiete Deutschlands** (vgl. Tour 12). Seine Entstehung ist recht eigenartig: Die Strömung der Ostsee lagert den an der Küste des Fischlandes abgetragenen Sand am Darßer Ort ab. Dort bilden sich Strandwälle und Lagunen. Es vergehen Jahrzehnte und Jahrhunderte, bis sich auf den Strandwällen Vegetation ansiedelt, anfangs Seegras und Strandhafer, später Krüppelkiefern, dann die größeren Waldkiefern. Die Lagunen verlanden, Schilfgras wächst hoch, es bilden sich Erlenbrüche, Sumpf und Moor.
Der Neu-Darß bildete sich nach der letzten Eiszeit vor 10 000 bis 12 000 Jahren und ist aufgrund seiner zahlreichen Pflanzengesellschaften sehr vielfältig. Zwei dieser Vegetationsgruppen lernt man auf dieser Tour kennen. Das erste (recht kurvige und wellige) Drittel des Weges führt durch einen kargen *Kiefernwald*, in dem auf sandigem Boden *Heidekraut* und *Blaubeeren* wachsen. Besonders gut kann man hier die etwa 2500 Jahre alten **Strandwälle** erkennen.

Die Einkerbungen an den Kiefern sind Spuren der Gewinnung von Harz, aus dem man früher Kolophonium (damit pflegt man den Bogen einer Geige) und Terpentinöl (für Farben) herstellte.
Nach gut 1,5 km Wegstrecke wechselt der Radweg auf die andere (südliche) Seite des breiten *Kutschenweges*. Wie mit dem Lineal gezogen, beginnt eine andere Vegetationszone.
Hier gedeihen Eichen, Buchen, Linden und Birken, auch Blaubeeren. Der Boden ist wesentlich fester, fruchtbarer und feuchter, Strandwälle sucht man hier vergebens. Das letzte Drittel der Radtour verläuft auf einem guten Betonplattenweg.
Am **Weststrand** angekommen, stellen wir die Räder auf dem großen Radparkplatz ab – und stehen vor der Frage, was man zuerst unternehmen soll. Das Angebot: *Baden* (auch FKK), *Sonnenbad* am Strand, *Strandwanderung*, Besuch des **Natureums** (das ist ein Museum der Natur), Einkehr ins *Café* (man bezahlt Eintritt für das Natureum), **Leuchtturmbesteigung**. Wir entscheiden uns für den Leuchtturm, des Überblicks wegen.
Der über 35 Meter hohe **Leuchtturm Darßer Ort** wurde Anfang 1849 in Betrieb genommen, um Schiffsstrandungen am Darßer Ort zu verhindern. Er ist nach dem Schinkel-Leuchtturm auf Kap Arkona (siehe Tour 22) der zweitälteste feste Seezeichenbau zwischen Wismar und Usedom und das älteste in Betrieb befindliche Leuchtfeuer in Mecklenburg-Vorpommern. Die Seeweite des Feuers beträgt dreißig Kilometer. Wer die 126 Stufen bewältigt, hat von der (etwas engen) Plattform einen **grandiosen Rundblick**. Im Süden erkennt man Ahrenshoop (12 km entfernt) und Graal-Müritz (28 km entfernt), am Horizont hebt sich

Flach und windgeschützt ist der Sandstrand bei Prerow, zur Freude der spielenden Kinder.

das Hotel Neptun in Warnemünde (44 km entfernt) ab. Bei einem Blick nach Westen erkennt man die Umrisse der 37 Kilometer entfernten dänischen Insel Falster und die Flachküste bei Gedser. Im Norden sind die Kreideklippen von Møn (53 km entfernt) gut zu sehen, im Osten erstreckt sich die Halbinsel Zingst, und im Nordosten erkennt man den Dornbusch auf Hiddensee (42 km entfernt). Auch die nähere Umgebung ist einen Blick wert, vor allem der Darßer Ort im Norden.
Der Überblick von oben wird manchen überzeugen, auch das Natureum Darßer Ort zu besuchen. Das Museum der Natur informiert anschaulich über die Entstehung des Darß', seine Vegetationszonen, die Fauna, die Naturkatastrophen usw. Besonders für Kinder sind die Dioramen und bunten Karten, die ausgestellten Vögel usw. sehr lehrreich. Was kann man am Weststrand noch unternehmen? Natürlich eine Strandwanderung. Nach Süden geht man kilometerweit, nach Norden kommt man nur etwa 800 Meter weit. Will man den Darßer Ort erkunden, sollte man den Rundweg einschlagen (für Fahrräder ungeeignet). Wer diesen Weg geht, kommt dem Naturgeheimnis des Darß' am allernächsten. Für den Rückweg nach Prerow empfiehlt sich derselbe Weg.

Informationen zur Tour

Anfahrt
Mit dem PKW bis Prerow

Ausgangsort
Prerow, Kreuzung Bernsteinweg/Villenstraße

Zielpunkt
Leuchtturm Darßer Ort

Rückfahrt
Auf demselben Weg

Fahrradverleih
Wittenburg, Bebelstraße 18, Prerow, Tel. 038233/760

Übernachtung unterwegs
Pension Voß, Villenstraße 6, Prerow, Tel. 038233/370

Kinderfreundliche Bewirtung
Im Natureum Darßer Ort

Öffnungszeiten
- Darß Museum Prerow, Waldstraße, Mai – Sept. 9 – 17 Uhr, Oktober 9 – 16 Uhr, Tel. 038233/750
- Natureum Darßer Ort, Leuchtturm, Mai – Okt. tägl. 10 – 18 Uhr, Nov. – April Mi – So 11 – 16 Uhr, Tel. 038233/304

Auskunft
Kurverwaltung Prerow, Gemeindeplatz 1, 18375 Prerow, Tel. 038233/551

Geeignetes Kartenmaterial
Fischland-Darß-Zingst und Recknitztal (1:75 000), nordland

14 Zingst – Durch die Sundische Wiese nach Pramort

Tourenlänge
9 km

Durchschnittlicher Zeitbedarf
1 Stunde Fahrtzeit

Etappen
Pramort, Hohe Düne

Steigung
Wenige Meter

Beschaffenheit des Geländes
Brettebene Wiesenlandschaft, Wald, Dünen

Beschaffenheit der Wege
Guter Asphalt- und Betonweg, zur Hohen Düne schmaler Feldweg

Verkehrssicherheit
Hoch, kein Pkw-Verkehr

Altersgruppe
Für Kinder ab 7 Jahren geeignet

Günstigste Jahreszeit
Vogelflugzeiten im Frühjahr und Herbst

Besondere Ausrüstung
Fernglas, Sonnenschutz (!)

Interessantes am Weg
Informationsausstellung »Nationalpark Vorpommersche Boddenlandschaft« am Parkplatz Sundische Wiese

Wegmarkierung
Zeichen »Möwe«

Zingst, der bedeutendste Ort der Halbinsel Fischland-Darß-Zingst, entstand aus den Ortsteilen Pahlen und Hanshagen. Um 1880 lebten über 80 Kapitäne und 200 Seeleute in Zingst. Die Wohnbereiche der Seeleute, Fischer und Büdner, die früher klar erkennbar waren, sind heute kaum noch wahrzunehmen. Auch von der alten Bahnlinie Barth-Zingst-Prerow ist nichts geblieben – außer der Bahnhofstraße und der Straße »Am Bahndamm«. Besuchenswert sind der flache **Badestrand** (mit Seebrücke) und das **Heimatmuseum**, ein ehemaliges **Kapitänshaus** von 1867, in dem ein Gedenkzimmer an die 1939 verstorbene Heimatdichterin Martha Müller-Grählert erinnert, die Kindheit und Jugend in Zingst verbrachte.
Unsere Radtour führt vom Parkplatz Sundische Wiese zur Ostspitze der Halbinsel, nach Pramort. Wer die lange **Anfahrt per Rad** vom Ostseebad Zingst bis zum Parkplatz nicht scheut, fährt von der Seebrücke auf dem Deich nach Osten. Rund 800 Meter hinter Zingsthof bietet sich rechter Hand eine Möglichkeit (*Wm. Möwe*), durch den Osterwald zu fahren. Einige hundert Meter radelt man nach Süden, dann links in die Kavalierschneise (*Wm. Möwe*) nach Osten. Auf einem Betonweg erreicht man den Parkplatz Sundische Wiese.
Wer die **kürzere Anfahrt** vorzieht, fährt mit den Rädern auf dem Autodach durch den Osterwald bis zum **Parkplatz Sundische Wiese**. Neben dem Parkplatz liegt das Hotel und Restaurant »Schlößchen« Sundische Wiese, die einzige Möglichkeit zur Einkehr während der Radtour. Dort werden auch Fahrräder verliehen. Etwa 200 Meter weiter in Richtung Pramort hat man Gelegenheit, sich in einer **Ausstellung** über die Halbinsel Zingst zu informieren. Der **Vogelflug** steht hier im Vordergrund.
Auf der Betonstraße radeln wir durch die Sundische Wiese nach *Pramort* und zur *Hohen Düne*. Die Sundische Wiese

Noch rasch ein Fischbrötchen vom Kutter in Zingst gekauft - und los geht's zur Radtour.

gehörte früher der Stadt Stralsund, daher der Name »(Stral-)Sundische Wiese«.
Der größte Teil der Strecke ist zugegebenermaßen etwas trist: Rechter Hand erstreckt sich eine brettebene Wiesenlandschaft mit Kuhherden, unterbrochen von schmalen Waldstreifen und Entwässerungsgräben. Nur der Barther Kirchturm und ein paar **Windräder** beleben den Horizont. Links steht kilometerlang ein Wald, in dem alles kunterbunt durcheinanderwächst. Man sieht, daß die Landschaft noch immer der Landwirtschaft ihren Tribut zollt; die Spuren intensiver Nutzung zu beseitigen, dauert bekanntlich Jahrzehnte. Doch das ist kein Grund, die Radtour zu bereuen. Fischland-Darß-Zingst ist eine höchst verschiedenartige, sehr abwechslungsreiche Landschaft, und das Beste konzentriert sich hier eben an der Ostspitze der Halbinsel.
Wir sind nun in **Pramort** angekommen, stellen die Räder ab, gehen die paar Schritte auf den Deich hoch – und haben das schönste **Naturschauspiel** vor Augen. Man weiß gar nicht, wohin man zuerst schauen soll. Links erstreckt sich der **Große Werder**, eine Sandbank – mal schimmert da der weiße Sand, mal ist das Eiland spärlich bewachsen. Dahinter liegen die drei Inseln des **Kleinen Werders.** Noch ein Stück dahinter steht dunkel der bewaldete **Bock**, eine Insel. Ganz links sieht man *Hiddensee*, rechts steigt sanft das Festland an.
Das Gebiet ist – neben Ummanz auf Rügen – der **bedeutendste Kranich-Rastplatz in Europa**. In manchen Monaten zählen die Beobachter des Nationalparks Vorpommersche Boddenlandschaft 30 000 bis 40 000 Exemplare, die abends schrill trompetend von ihren Futterplätzen auf dem Festland zu ihren Schlafplätzen auf den flachen Windwatten um die Werder-Inseln heimkehren. Kraniche sind außergewöhnlich scheu, ihre Sicherheitsdistanz beträgt wohl an die 800 Meter. Ihr größter Feind ist der Mensch: Erkennen sie die Silhouette eines Menschen am Horizont, flüchten sie sofort. Daher ist die überdachte Beobachtungshütte am Pramort ganz sinnvoll.
Auf einem schmalen Feldweg erreichen wir nach 1,5 Kilometern die 13 Meter aufragende **Hohe Düne**. Hier gibt es zwei **Beobachtungstürme**, man sollte

Die Beobachtungshütte beim Pramort auf Zingst erlaubt einen ungestörten Rundblick.

keinen auslassen. Besonders reizvoll ist die Aussicht vom Turm unmittelbar am Strand. Man sieht Vogelspuren im vom Wind gemusterten Sand, lagunenartige Gewässer, die Dünen. Unmittelbar an der Hohen Düne wachsen Salzkraut, Salzmiere und Strandhafer. Hier kann man besonders gut beobachten, daß bei einem Höhenunterschied von nur einem Meter die Vegetation wechselt. Und am Horizont zeichnet sich die Insel *Hiddensee* in ihrer ganzen Länge von 18 Kilometern ab.
Die Rückfahrt ist nur auf demselben Weg möglich.

Informationen zur Tour

Anfahrt
Mit dem Pkw zum Parkplatz Sundische Wiese

Ausgangsort
Parkplatz Sundische Wiese

Zielpunkt
Ostspitze der Halbinsel Zingst
Pramort, Hohe Düne

Vorhergehende Abbildung:
Der Ort Kloster auf der Insel Hiddensee.

Rückfahrt
Auf demselben Weg

Fahrradverleih
In der Saison am Parkplatz Sundische Wiese; Hotel »Schlößchen« Sundische Wiese, Tel. 038232/8180; Oswald, Am Ende 5 d, Zingst, Tel. 038232/1490

Übernachtung unterwegs
Hotel »Schlößchen«, siehe oben

Kinderfreundliche Bewirtung
Hotel »Schlößchen« Sundische Wiese, Tel. 038232/8180

Öffnungszeiten
- Heimatmuseum Zingst, »Haus Morgensonne«, Strandstraße 19, Zingst, bitte erfragen unter Tel. 038232/561
- Ausstellung des Nationalparks Vorpommersche Boddenlandschaft, Haus Sundische Wiese, Mo–Fr 10–17 Uhr

Auskunft
Kurverwaltung Zingst, Klosterstraße 21, 18374 Zingst, Tel. 038232/231

Geeignetes Kartenmaterial
Fischland-Darß-Zingst und Recknitztal (1:75 000), nordland

15 Hiddensee – Von Vitte über Kloster zum Bessin

Tourenlänge
5 km bis zum Fußweg auf den Bessin

Durchschnittlicher Zeitbedarf
1 Stunde Fahrtzeit

Etappen
Kloster, Grieben, Alter Bessin

Steigung
Etwa 25 m

Beschaffenheit des Geländes
Salzwiesen, Bodden, hügeliges Weideland, Strand, Nehrungen

Beschaffenheit der Wege
Beton- und Asphaltwege, Feldwege, gelegentlich Sandstrecken

Verkehrssicherheit
Hoch, wenig Kfz-Verkehr

Altersgruppe
Für Kinder ab 7 Jahren geeignet

Günstigste Jahreszeit
Von April bis Oktober

Besondere Ausrüstung
Fernglas, ggf. Sonnenschutz

Interessantes am Weg
Museum Kloster, Gerhart-Hauptmann-Gedenkstätte, Bessin

Wegmarkierung
Die üblichen Wegweiser

Hiddensee, die langgestreckte Insel westlich von Rügen, genießt einen legendären Ruf. Die mal karge, mal puppenstubenhafte Naturschönheit der Insel läßt keinen Besucher gleichgültig. Man nennt die Insel auch *»sötes Länneken«*, schönes Ländchen. Zum anderen begründeten Gäste wie Asta Nielsen, Joachim Ringelnatz oder Erich Heckel den Ruf Hiddensees als *Insel der Künstler*. Bedeutendster Dauergast war Gerhart Hauptmann.
Obwohl Hiddensee nur 18 Kilometer lang und 3,4 Kilometer breit ist, findet man auf der Insel viele Landschaftstypen: den flachen *Geller Haken* im Süden, die *Dünenheide* in der schlanken Mitte, die *Steilküste* des Dornbuschs und die *Nehrungsarme* des Bessins. Der Dornbusch im Norden mit seinem Steilufer und der Zange des Alten und Neuen Bessin gefällt meist auf Anhieb, während man den Gellen am langen Südende oft erst später schätzen lernt.
Diese Radtour beginnt am Hafen in Vitte und führt über Kloster und Grieben bis zum Bessin. Der Dornbusch, die mit über 70 Metern höchste Erhebung Hiddensees, ist nicht Teil der Route. Die bedeutendste Natursehenswürdigkeit der Insel ist ein klassisches Wandergebiet.
Vom Hafen Vitte radelt man auf dem *Wiesenweg* und dem *Norderende* in

Wenn die Kleinen mit den Großeltern losradeln, gibt's hinterher immer viel zu erzählen: Ausflug auf Hiddensee, dem Paradies für Radler.

Richtung Kloster. Bedeutendere kulturhistorische Bauten im Norden Vittes sind das **Asta-Nielsen-Haus** (Zum Seglerhafen 7) und das **Haus Nordperd** (Zum Seglerhafen 13). Stummfilmstar Asta Nielsen bewohnte das »Karussell« 1925–1933.

Auf dem Weg geradeaus, leicht bergan, erreicht man am Ortsrand von Kloster das **Heimatmuseum**. Was man noch nicht über die Insel wußte – hier kann man es erfahren. Die Inselkerne Hiddensees, u. a. der Dornbusch, sind auf einer alten Karte eingezeichnet – die Ostsee verband sie durch Anlandung von Sand. Der **Dornbusch**, vor einigen tausend Jahren doppelt so groß wie heute, ragte weit nach Nordwesten in die See hinaus. Die Fischerei, das Wüten Wallensteins auf der Insel im Dreißigjährigen Krieg, das alte Zisterzienserkloster, das dem Dorf Kloster den Namen gab, sowie Fauna und Flora der Insel sind weitere Themen.

Eine kurze Wegstrecke weiter stehen wir vor **Haus Seedorn**, in dem Gerhart

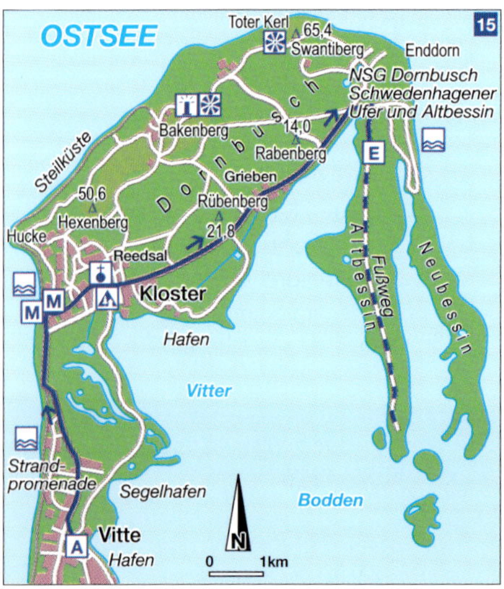

Hauptmann nach 1930 lebte. In dem mit viel Liebe originalgetreu erhaltenen Anwesen wurde eine Gedenkstätte eingerichtet, deren Besichtigung man nicht versäumen sollte.

1885 traf Hauptmann auf der Insel ein: Von da an »verflocht sich Hiddensee unlöslich in mein Schicksal«, schrieb der Dichter Jahre später. Der Bibliothek-Anbau ist mit dem Altbau durch einen Kreuzgang verbunden, dessen gotisches Portal wie das eines Sakralbaus wirkt. Im ersten Stockwerk des Haupthauses befindet sich Hauptmanns Schlafzimmer, an dessen Wänden noch immer Notizen und flüchtige Einfälle des Dichters zu sehen sind.

Ein paar hundert Meter weiter erreicht der Besucher die **Inselkirche**, 1332 »vor den Klostertoren« errichtet. Das kleine, von einem Friedhof umgebene Gotteshaus hat sogar einmal einen Turm besessen. Die ältesten Gräber liegen links des Wegs zum Eingang. Einige der Grabsteine zeigen die für Hiddensee charakteristischen Hausmarken – runenähnliche Zeichen, mit denen die Eigentümer Fischereigerät und Tiere versahen. Links der Kirche findet man das Grabmal Gerhart Hauptmanns.

Am Ortsende von Kloster teilt sich am Reedsal, einem wunderschönen Teich mit Weiden und Pferdekoppeln, der Weg. Linker Hand beginnt der Betonweg zum **Leuchtturm** (30 Minuten Fußweg). Geradeaus führt die Radroute über einen Hügel nach Grieben und zum Enddorn. **Grieben** ist so klein, daß man es leicht übersehen könnte, wäre da nicht der Gasthof *»Zum Enddorn«*, ein Treffpunkt (nicht nur) der Künstler. Nach einer kurzen Strecke biegt rechts der Weg auf den Alten Bessin ab. Kurz darauf fordert eine Tafel die Besucher auf, die Räder abzustellen und das zur

Kein Ort informiert besser über »Dat söte Länneken«, das schöne Ländchen Hiddensee, als das Heimatmuseum bei Kloster mit dem Anker vor der Tür.

Kernzone des Nationalparks Vorpommersche Boddenlandschaft gehörende Gebiet nur zu Fuß auf einem gekennzeichneten Weg zu erkunden.
Alter und *Neuer Bessin* sind Nehrungen, deren zangenähnliche Arme weit in den flachen Vitter Bodden hinausragen. Je nach Wasserstand verändern sie ihre Gestalt, bei Niedrigwasser meint man sogar einen neuen Arm zu entdecken, gewissermaßen einen dritten Bessin. Auf den Nehrungen wachsen Sanddorn und der für Hiddensee so typische Weißdorn.
Wenn Hiddensee als Brutgebiet nur noch eine geringe Rolle spielt, so ist die Insel mit den umgebenden Windwatten als Rastgebiet nach wie vor von größter Bedeutung für Zugvögel. Bis zu 5000 Höckerschwäne, 20 000 Blessgänse, 30 000 Alpenstrandläufer, 700 Brandgänse und 1000 Spießenten wurden von der Vogelwarte Hiddensee gezählt. Im Frühjahr und Herbst werden die Windwatten von bis zu 40 000 Kranichen aufgesucht. Von der Beobachtungshütte am Ende des zwei Kilometer langen Weges hat man einen guten Überblick, vor allem mit Fernglas.
Für die Rückfahrt empfiehlt sich derselbe Weg.

Informationen zur Tour

Anfahrt
Mit der Fähre von Schaprode, Breege, Zingst oder Stralsund;
Auskunft Weiße Flotte, Tel. 03831/268116

Ausgangsort
Hafen in Vitte

Zielpunkt
Alter Bessin

Rückfahrt
Auf demselben Weg; ggf. mit der Fähre ab Kloster

Fahrradverleih
Müller, Wallweg 3, Vitte, Tel. 038300/464;
Wannewitz, Leuchtturmweg 5, Kloster, Tel. 038300/426

Übernachtung unterwegs
Haus am Hügel, Hügelweg 8, Kloster, Tel. 038300/234

Kinderfreundliche Bewirtung
Haus am Hügel, s. Übernachtung

Öffnungszeiten
- Heimatmuseum, Kirchweg 1, Kloster, April – Okt. tägl. 10–17 Uhr, Tel. 038300/363
- Gerhart-Hauptmann-Gedenkstätte, Kirchweg 13, Kloster, im Sommer tägl. 10–17 Uhr, im Winter tägl. 10–14 Uhr, Tel. 038300/397

Auskunft
Tourist-Info, 18565 Vitte, Norderende 162, Tel. 038300/64226

Geeignetes Kartenmaterial
Hiddensee (1:30 000), nordland

16 Hiddensee – Von Neuendorf nach Vitte

Tourenlänge
Zum Gellen 4 km; Neuendorf-Vitte 6 km

Durchschnittlicher Zeitbedarf
1 bzw. 2 Stunden Fahrtzeit

Etappen
Plogshagen, Gellen (Abstecher); Dünenheide, Vitte

Beschaffenheit des Geländes
Küstenschutzwald, Strand, Heide, Salzwiesen

Beschaffenheit der Wege
Zum Teil grobe und sandige Wege südl. Neuendorf, sonst Betonwege

Verkehrssicherheit
Hoch, wenig Kfz-Verkehr

Altersgruppe
Für Kinder ab 7 Jahren geeignet

Günstigste Jahreszeit
Von April bis Oktober

Besondere Ausrüstung
Fernglas, ggf. Sonnenschutz

Interessantes am Weg
Küstenschutzwald, Dünenheide

Wegmarkierung
Die üblichen Wegweiser

Die Radtour führt vom Hafen in Neuendorf zunächst in einem Abstecher nach Süden zum Gellen; anschließend von Neuendorf nach Vitte, wo man mit der Fähre zurück nach Rügen fahren kann.

Neuendorf bietet einen sonderbaren Anblick, besonders vom Schiff aus. Auf flachem Grund stehen die weißen Häu-

Wer kommt denn da? Wenn das Grasen langweilig wird, halten Hiddensee-Ponys nach Gästen Ausschau.

ser ordentlich in Reih und Glied, fast ohne Baum und Strauch dem Wind ausgesetzt. Bei näherem Hinsehen bemerkt man, daß sie auf niedrigen Bodenwellen errichtet sind, die von West nach Ost verlaufen. Die Bewohner dieses kargschönen Dorfes heißen *»Süder«* und stehen seit jeher in einem besonderen Ruf. Sie lebten für sich, waren nie leibeigen und gaben sich dementsprechend selbstbewußt. Die Fischer schlossen sich zu Kompanien zusammen, »de groot Parti« und »de lütt Parti«. Wer welche Arbeiten übernahm, wurde mit Holzstückchen ausgelost, auf denen die Hausmarke eingeschnitzt war. Hausmarken sind runenähnliche Zeichen, mit denen die Eigentümer Fischereigeräte, Weideland, sogar ihre Schafe versahen. Berüchtigt ist die Wortkargheit der Neuendorfer Fischer. So kam nie ans Tageslicht, wer den Goldschatz aus der Wikingerzeit fand, der nach dem großen Sturm von 1872 am Strand von Neuendorf freigespült wurde. Eine Kopie des Geschmeides ist im Heimatmuseum in Kloster zu sehen.

Sofern Sie wirklich zum **Gellen** fahren wollen – die Wege dorthin sind recht beschwerlich – radeln Sie vom Hafen inseleinwärts und halten sich halblinks. Am *Strandcafé* beginnt rechts ein sandiger Weg zum Gellen, der gelegentlich zum Absteigen zwingt (den holprigen Dammweg links vom Strandcafé sollte man meiden).

Auf dem strandnahen Sandweg radeln wir am **Küstenschutzwald** entlang nach Süden. Nach etwa 500 Metern sieht man bereits im Wald den kleinen **Leuchtturm** stehen. Hier kann man sich links halten, den Damm überqueren und in einem Bogen auf dem festen Wiesenweg auf den Turm zuradeln. Der nur zwölf Meter hohe Leuchtturm sieht – verglichen mit seinem ungleich höheren Kollegen – richtig niedlich aus, man nennt ihn deshalb auch »Glühtürmchen«. Über der Tür des 1906 errichteten Turms steht noch der Name Julius Pintsch, wie der erste Wärter hieß. In der Nähe stand die 1302 errichtete Kirche von Neuendorf, die ein Opfer der Fluten wurde. Bei Niedrigwasser kann man ihre Fundamente sehen.

Der **Gellen**, der Schwanz der Insel, wurde früher Yellant oder Jelenine genannt, was auf slawische Besiedlung hinweist. Etwa zwei Kilometer südlich des Leuchtturms versperrt eine Schranke den Weg zum **Geller Haken**. Eine Hinweistafel beschreibt die Besonderheiten. Der Geller Haken, der sich erst in den letzten 650 Jahren bildete, besteht aus flachen Schwemmlanden, Strandwällen und aufgewehten Dünen, deren Material von der Meeresströmung abgelagert wird. Durchschnittlich wächst der Geller Haken zwischen drei und fünf Meter im Jahr. Dort gedeihen Heidekraut mit Glockenheide und Rundblättrigem Sonnentau sowie salzliebende Pflanzen. Als Vogelbrutgebiet hat Hiddensee im Vergleich zu den zwanziger Jahren sehr an Bedeutung verloren. Doch sind die Windwatten rund um den Gellen als **Vogelrastgebiet** äußerst wertvoll. Im Frühjahr und Herbst rasten dort bis zu 40 000 Kraniche. Auch Graugänse, Steinwälzer, Uferschnepfen, Dunkle Wasserläufer und Grünschenkel kommen zahlreich.

Zurück in **Neuendorf**, radeln wir auf dem Betonweg vom Neuendorfer Hafen nach Vitte. Unterwegs sieht man recht

viel vom Dorf: Mehrere Gaststätten liegen am Wegesrand, die letzte Häuserreihe zum Bodden hin ist für Neuendorf besonders charakteristisch. An den freistehenden Häusern sieht man oft noch die Hausmarke, Gärten und Zäune sucht man vergebens.

Auf dem Betonweg nach Vitte fährt man durch die **Dünenheide**. Nur der westliche Teil (Strandseite) des Naturschutzgebiets ist für Besucher zugänglich und durch einen Naturlehrpfad erschlossen. Beginn dieses Wegs ist beim Hotel Heiderose. Die Heidelandschaft entstand durch Abholzungen nach der Klostergründung und durch Brandrodungen im Dreißigjährigen Krieg. Die Pflanzen, die sich mit dem nährstoffarmen Boden begnügen, sind Besenheide, Pechkiefer, Schwarze Krähenbeere, Wacholder und Flechten. Wem eher eine Rast zusagt, ist im *Restaurant Heiderose* am richtigen Ort.

Kurz vor Vitte radeln wir über einen querverlaufenden *Damm*. Hier sollten Sie sich entscheiden, wie die Tour weitergehen soll: Rechts auf dem Plattenweg kommt man zum Hafen – ein reizvoller Weg. Zum Strand dagegen geht es links weiter. Wer Vitte näher kennenlernen will, radelt ebenfalls links, biegt auf halbem Weg nach rechts ab und fährt durch die Straßen Süderende und Norderende durch den Hauptort Hiddensees.

Der Name **Vitte** deutet auf eine Niederlassung von Heringsfischern hin. Im südlichen Teil des Ortes findet man zwei interessante Bauten: Süderende 35 ist ein *reetgedecktes Haus* vom Beginn des 19. Jh., das auf einem Feldsteinsockel errichtet wurde. Unterwegs kommen wir am Dünenhaus vorbei, wo eine sehenswerte **Ausstellung** über Hiddensees Fauna und Flora informiert. An der *blauen Scheune* – schräg gegenüber steht das Rathaus mit der **Tourist-Information** – biegt links ein Weg zum Strand ab, der an der alten **Vitter Mühle** vorbeiführt, einer Holländer-Windmühle von 1907. Rechts der blauen Scheune biegt der Weg zum **Hafen** ab, wo die weißen Schiffe nach Rügen ablegen.

Informationen zur Tour

Anfahrt

Mit der Fähre von Schaprode, Breege, Zingst oder Stralsund, Auskunft Weiße Flotte, Tel. 03831/268116

Ausgangsort

Hafen in Neuendorf

Zielpunkt

Gellen bzw. Vitte

Nach einer Radtour ruhen sich Tagesgäste im malerischen Hafen von Kloster auf Hiddensee aus. Dann geht's mit den weißen Schiffen wieder nach Rügen.

Rückfahrt
Derselbe Weg; ggf. mit der Fähre ab Vitte

Fahrradverleih
Freizeit-Center, Schaulbarg 7, Neuendorf, Tel. 038300/477;
Müller, Wallweg 3, Vitte, Tel. 038300/464

Übernachtung unterwegs
Heiderose, In den Dünen 127, Vitte, Tel. 038300/214

Kinderfreundliche Bewirtung
Heiderose (s. Übernachtung)

Öffnungszeiten
Ausstellung Nationalpark Insel Hiddensee, Dünenhaus, Süderende 96, Vitte, Mai–Sept. Di–Sa 12–17 Uhr

Auskunft
Tourist-Info, Norderende 162, 18565 Vitte, Tel. 038300/64226

Geeignetes Kartenmaterial
Hiddensee (1: 30 000), nordland

17 Rügen – Von Putbus nach Garz

Tourenlänge
10 km

Durchschnittlicher Zeitbedarf
1 Stunde Fahrtzeit

Steigung
Gering

Beschaffenheit des Geländes
Sanfthügeliges Wald- und Weideland

Beschaffenheit der Wege
Wassergeschlämmter Radweg

Verkehrssicherheit
Hoch, mit Ausnahme der Ortsstraßen

Altersgruppe
Für Kinder ab 7 Jahren geeignet

Günstigste Jahreszeit
Von April bis Oktober

Besondere Ausrüstung
Evtl. Proviant, ggf. Sonnenschutz

Interessantes am Weg
Trasse der ehemaligen Kleinbahn, Buchenwald, Baumveteranen

Wegmarkierung
Schwarzer Querstrich

Die Radtour führt von Putbus auf der Trasse der ehemaligen Kleinbahn nach Garz. Da es unterwegs im Wald keine Gaststätten gibt, sollte man vielleicht *Proviant mitnehmen*, sofern man am Wiesenrand picknicken will.
Putbus ist das Werk des Grafen Wilhelm Malte I. von Putbus (1783–1854), der sich nach Studienreisen in Europa zum Bau einer Residenzstadt im Stil des Spätklassizismus

BINZ

Seebad Binz

Zwei junge Radler erkunden den slawischen Burgwall Charenza in Garz, der den Ranen vor über tausend Jahren Schutz und Sicherheit bot.

entschloß. Mittelpunkt ist der Circus, ein von 16 Gebäuden umgebener Platz. Über die Alleestraße erreicht man den nahen Markt mit dem 1819–1821 errichteten Theater, das den Ruf der Stadt als kulturellen Mittelpunkt Rügens begründete.
Start der Radtour ist der **Markt**. Wir radeln durch die *Güstelitzer Straße* und biegen rechts in den *Mühlenweg* ein, der bergan in *Richtung Darsband* führt. An der Fahrschule fahren wir nach links auf den Radweg *»Alte Kleinbahn«*. Nach Garz geht es immer geradeaus. Der Radweg verläuft auf dem Damm der früheren Kleinbahn, die kurz vor der Jahrhundertwende von Altefähr über Garz nach Putbus gebaut wurde. Die Kleinbahn mit einer Spurweite von nur 750 Millimetern war viel billiger als die normale Eisenbahn mit ihren 1435 Millimetern. 1967 wurde die Bahnlinie stillgelegt.

**Vorhergehende Abbildung:
Blick vom Seebad Binz auf's Meer.**

Der Weg nach Garz führt durch abwechslungsreichen *Laubmischwald*. Mal säumen Birken und Eichen den Weg, mal führt die Route durch Buchenwald. Obwohl Wald, Wiesen und Ackerland einander ständig abwechseln, ist der Weg keineswegs eintönig: Rügen entfaltet hier eine seiner schönsten Seiten. Deutlich ist die dammartige Trasse der Kleinbahn zu erkennen, immer noch liegen zu beiden Seiten des Wegs Stapel der abgebauten Holzschwellen.
Unterwegs kommt man durch **Güstelitz** und **Ketelshagen**. Kurz vor Garz erstreckt sich links einer der großen **»Schläge«**, für die Vorpommern berühmt ist: Der Acker mißt wohl an die 30 bis 40 Hektar, das sind 300 000 bis 400 000 Quadratmeter Fläche. Vor einigen Häusern beschreibt der Radweg eine scharfe Linkskurve, um nach fünfzig Metern wiederum rechts abzubiegen.
In **Garz** wählen wir die eleganteste Anfahrt: Wir wenden uns links und fahren ein kurzes Stück auf der *Bergener Straße* (ohne Radweg) in *Richtung Ortsmitte*. Bei der katholischen **Kirche** biegen wir *rechts* ab, radeln an einigen wunderschönen Wohnhäusern mit grünen Fensterläden vorbei, um wieder rechts auf den Kleinbahndamm einzubiegen. Hoch über einer Niederung fahren wir in *Richtung Schleuse* weiter – **Achtung** beim Überqueren der Landstraße Stralsund-Garz! Jenseits der Straße fahren wir ein Stück in *Richtung Gärtnerei* – der Weg ist hier etwas holprig – und biegen nach etwa 150 Metern links ab zum **slawischen Burgwall** der Ranen, einem Rest der Burg Charenza. Die Siedlung am Fuß der Festung der Rügenfürsten wurde im Jahr 1317 zur Stadt erhoben, so daß Garz die älteste Stadt Rügens ist. Der Wall ist

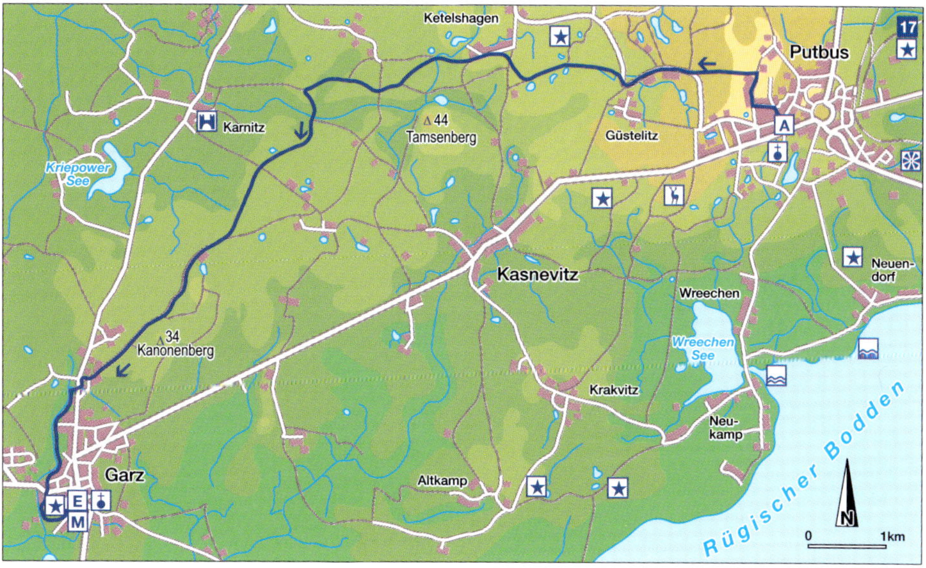

dicht bewaldet, innen findet man einen Rastplatz. Während man den Burgwall ganz umrunden kann, lohnt es indessen nicht, den nahegelegenen **Garzer See** aufzusuchen. Der größte Teil des Seeufers ist ohnehin nicht zugänglich.
Am besten, man umfährt den Burgwall im umgekehrten Uhrzeigersinn. Beim Kriegerdenkmal, das auf dem zehn Meter hohen Wall errichtet ist, radeln wir rechterhand durch den winzigen **Park** – und stehen direkt vor dem **Ernst-Moritz-Arndt-Museum**, nach der **Kirche** die bedeutendste Sehenswürdigkeit in Garz. Es erinnert an den Pfarrer, Patrioten und Schriftsteller Ernst Moritz Arndt (1769–1860), der gegen die Leibeigenschaft auftrat, Preußens Befreiung von der Herrschaft Napoleons mit Schriften, Aufrufen und Liedern förderte und 1848 als Abgeordneter der Nationalversammlung in die Frankfurter Paulskirche einzog. Arndts Geburtshaus steht nicht weit von Garz in Groß-Schoritz; die Landstraße in Richtung Glewitzer Fähre ist allerdings stark befahren. Bei einem Rundgang durch Garz sollte man nicht versäumen, im Stadtteil Wendorf die Pfarrkirche St. Petri aus der Mitte des 14. Jh. mit dem Friedhof zu besuchen. Zurück nach Putbus empfiehlt es sich, dieselbe Strecke zu fahren.

Das Ernst-Moritz-Arndt-Museum in Garz informiert über den berühmten Pfarrer.

Informationen zur Tour

Anfahrt
Bis Putbus mit dem PKW oder mit der Bahn

Ausgangsort
Markt in Putbus

Zielpunkt
Garz

Rückfahrt
Auf demselben Weg

Fahrradverleih
- Albert's Fahrrad-Service, Bahnhofstraße 5, Putbus, Tel. 038301/429
- Gehrke, Bergenerstraße, Garz, Tel. 038304/418

Übernachtung unterwegs
- Hotel-Pension Am Wiesengrund, Am Wiesengrund 23, Garz, Tel. 038304/347

Kinderfreundliche Bewirtungen
- Hotel-Restaurant Am Wiesengrund, Am Wiesengrund 23, Garz, Tel. 038304/347

Öffnungszeiten
Ernst-Moritz-Arndt-Museum, An den Anlagen, Garz, Mai–Sept. Di–Fr 10–12, 13–17 Uhr, Sa 10–12, 14–17 Uhr, Okt.–April Di–Sa 10–12, 13–17 Uhr, Tel. 038304/12212

Auskunft
- Putbus-Information, August-Bebel-Straße 1, 18581 Putbus, Tel. 038301/431
- Tourismus-Information Garz, Thälmannstraße 1, 18574 Garz, Tel. 038304/12107

Geeignetes Kartenmaterial
Freizeitkarte Rügen (1:75000), Kümmerly+Frey; Rügen Spezial, (Ortspläne 1:11500), nordland

18 Rügen – Von Putbus über Lauterbach nach Groß Stresow

Tourenlänge
13 km

Durchschnittlicher Zeitbedarf
2 Stunden Fahrtzeit

Etappen
Wreechen, Neuendorf, Lauterbach, Groß Stresow

Steigung
Bis zu 30 m

Beschaffenheit des Geländes
Hügelreiches Hochufer (Steilküste) mit Waldgebieten, Weiden und Ackerland, Strand

Beschaffenheit der Wege
Asphaltstraße, Betonwege, Feld- und Waldwege unterschiedlicher Qualität

Verkehrssicherheit
Hoch, mit Ausnahme bei der Überquerung der Straße von Putbus nach Lancken-Granitz bei Groß Stresow

Altersgruppe
Für Kinder ab 7 Jahren geeignet

Günstigste Jahreszeit
Von April bis Oktober

Besondere Ausrüstung
Fernglas, Proviant, ggf. Sonnenschutz

Interessantes am Weg
Steilküste, Hafen Lauterbach, Badehaus in der Goor, Naturschutzgebiete, Strand, Rasender Roland

Wegmarkierung
Grüner Querstrich bis Neuendorf, blauer Querstrich bis Groß Stresow

Diese Radtour führt von Putbus über Wreechen und Lauterbach am Rügischen Bodden entlang bis Groß Stresow. Zurück fahren wir von Seelvitz mit dem »Rasenden Roland«.

Wir starten am **Markt** in Putbus, überqueren die *Alleestraße* und fahren auf der *Kirchallee* durch den **Park** von Putbus. Vom Grafen Moritz Ulrich I. 1725 im barocken Stil angelegt, gehört der 75 Hektar große Park zu den schönsten seiner Art in Norddeutschland. 1804 ließ Fürst Malte I. den Park im englischen Landschaftsstil umgestalten. Man findet hier zahlreiche seltene Bäume, zum Beispiel den *Ginkgobaum* und die *Kaukasische Nordmanntanne*. Rechts taucht die katholische **Schloßkirche** auf, ein klassizistischer Bau, der über vierzig Jahre als Kursalon diente. Erst 1891 wurde mit dem Umbau zur Kirche begonnen. Links, an der Aussichtsterrasse am Schwanenteich, stand früher das Fürstliche Schloß, der bedeutendste weltliche Bau auf Rügen. Er wurde 1960–1962 gesprengt.

Wir radeln weiter, am Ufer des *Schwanenteichs* entlang (links halten), bis zum *Wreechener Weg*. Wer einen Abstecher zum Puppenmuseum unternehmen will, fährt nun links 200 Meter Richtung Circus; links der Kastanienallee liegt das Museum. Wir biegen rechts ab und fahren durch die Allee nach Wreechen. Jenseits des Ortes, kurz vor der Brücke über den **Wreechen See**, biegt links der Waldweg nach **Neuendorf** ab. Am Hochufer entlang, das durch Findlinge gegen Wellenschlag geschützt ist, erreichen wir Neuendorf, auf der Dorfstraße radeln wir nach **Lauterbach**.

Das ehemalige Fürstenbad Lauterbach, nach dem Mädchennamen der Gemahlin des Ortsgründers Wilhelm Malte zu

Am Wreechen See südlich von Putbus trifft der Besucher auf ein ruhiges Gewässer, das als Rast- und Brutplatz vieler Zugvögel unter Naturschutz steht.

Unterwegs durch den Wald zwingen einige steile Strecken die Radlerinnen zum Schieben.

Putbus benannt, ist sehr durch den **Hafen** geprägt: Yachten, Fischerboote, Ausflugsschiffe und das ehemals russische Hotelschiff »Tichi Don« (Stiller Don) beherrschen das Bild. Da es auf der weiteren Strecke bis auf Haases Eishütte in Groß Stresow keine Gaststätten gibt, sollte man vielleicht eines der Restaurants aufsuchen, zum Beispiel den »Schwarzen Bären«.

Sehr zu empfehlen ist eine **Schiffsfahrt** in den Rügischen Bodden rund um die **Insel Vilm**. Zu einem Schiffsausflug mit Besuch der Insel Vilm muß man sich allerdings vorher **anmelden** (siehe Informationen zur Tour). Auf Vilm, wo jahrhundertelang jede forstliche Nutzung unterblieb, wachsen einzigartige **Baumveteranen**, wie man sie anderenorts in Deutschland wohl nicht mehr antrifft.

Wer die Route bereits in Lauterbach abbrechen möchte, radelt vom Hafen auf der *Chausseestraße* und der *Lauterbacher Straße* nach Putbus (Radweg links der Straße).

Wer dagegen weiterfahren will, biegt am Hafen in die *Vilmnitzer Straße* ein, unterquert die *Bahnbrücke* und setzt den Weg halblinks fort. Nach kurzer Strecke biegt rechts die *Pappelallee* zum **Badehaus** in der Goor ab. Der klassizistische Prachtbau steht etwas verlassen am Ufer da und kündet vom vergangenen Glanz Lauterbachs. Das weiße Gebäude, 1817 als Friedrich-Wilhelm-Bad errichtet, bestand ursprünglich aus drei Gebäuden, der dorische Säulengang wurde 1831 vorgebaut.

Wir radeln links am Badehaus in das **Naturschutzgebiet Goor**; an der Gabelung halten wir uns rechts. Es folgt ein wunderschöner Buchenwald über dem Kliff, an dessen Rand sich gut picknicken läßt. Bald darauf warnt ein Schild vor der Weiterfahrt mit dem Rad: **Vorsicht** – Absturzgefahr. Wir biegen links ab, um nach 500 Metern rechter Hand wieder zum Uferweg zurückzukehren. Kurz darauf folgt bei Freetz eine **Niederung** mit Feuchtwiesen, uralten Weiden und Brackwasser-Röhricht, das ist Schilf, das im salzhaltigen Wasser wächst. Bei der Metallbrücke, die über ein Bächlein führt, sollte man absteigen. Dann geht der schmale Weg durch eine Wallhecke, biegt links ab und führt längs einer *Weidenallee* bergan. Hinter einer Rechtskurve beginnt ein Feldweg, der in einen Plattenweg nach *Muglitz* übergeht. Das Ufer gewinnt wieder an Höhe, wird zum *Steilufer*. Bei einem verwaisten, umzäunten Gebäude (rechts ein Abgang zum Strand) biegen wir links ab. Die **Vegetation** am Steilufer ist außergewöhnlich interessant: Hier wachsen die Wildsippen unserer Nutzobstsorten. Der Radweg ist hier recht schmal, soll aber ausgebaut werden. Nach kurzer Wegstrecke ist **Groß Stresow** erreicht. Am flachen Ufer lädt Haases Eishütte zu einem Imbiß ein. Weiter durch das weiträumig angelegte

Dorf, stößt man auf eine Telefonzelle: Hier beginnt links der Rückweg über den steilen Berg nach Nestelitz. Die Landstraße sollte man nicht befahren, sondern mit Bedacht überqueren, dann rechts weiterschieben, um links nach Seelvitz abzubiegen. Schilder weisen zum Haltepunkt des *»Rasenden Roland«*. Die Kleinbahn hält hier nur auf Anforderung: Man muß Winken, wenn »Roland« kommt. Die Bahn fährt stets mit Gepäckwagen für Fahrräder, bezahlt wird im Zug.

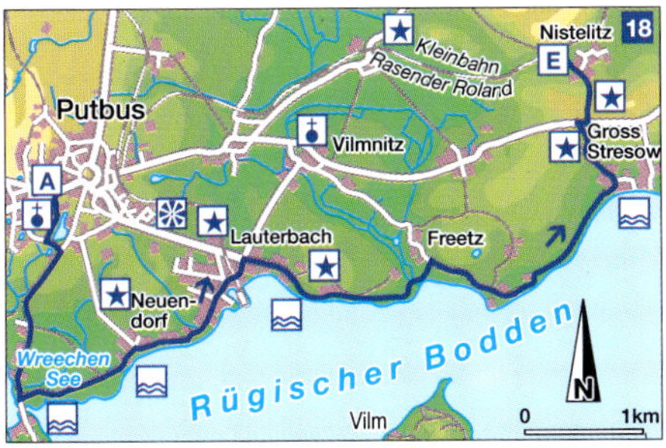

Informationen zur Tour

Anfahrt
Mit dem PKW oder der Bahn bis Putbus

Ausgangsort
Markt in Putbus

Zielpunkt
Groß Stresow

Rückfahrt
Mit dem »Rasenden Roland« ab Haltepunkt Seelvitz

Fahrradverleih
Albert's Fahrrad-Service, Bahnhofstraße 5, Putbus, Tel. 038301/429

Übernachtung unterwegs
Wreecher Hof, Kastanienallee, Wreechen, Tel. 038301/850

Kinderfreundliche Bewirtungen
- Zum Schwarzen Bären, Dorfstraße 8, Lauterbach, Tel. 038301/216
- Haases Eishütte, Groß Stresow

Öffnungszeiten
Puppen- und Spielzeugmuseum, im Affenhaus, Kastanienallee, Putbus, April–Sept. tägl. 10–18 Uhr, Okt.–März tägl. 11–17 Uhr, Tel. 038301/60959

Auskunft
- Putbus-Information, August-Bebel-Straße 1, 18581 Putbus, Tel. 038301/431
- Anmeldung für Vilm Tel. 038301/60513; Rasender Roland Tel. 038301/456

Geeignetes Kartenmaterial
Freizeitkarte Rügen (1:75 000), Kümmerly+Frey; Rügen Spezial, (Ortspläne 1:11 500), nordland

Eis, Kaffee, Kuchen: Haases Eishütte in Groß Stresow lädt zur Einkehr am Ufer des Rügischen Boddens ein.

19 Rügen – Von Binz nach Sellin

Tourenlänge
8 km

Durchschnittlicher Zeitbedarf
2 Stunden Fahrtzeit

Steigung
Mehrere starke Steigungen (bis zu 70 m)

Beschaffenheit des Geländes
Hügelreiches Waldland der Granitz mit Buchenwald, Steilküste, Kliff und Strand

Beschaffenheit der Wege
Waldwege zum Teil mit grobem Schotter, Betonspurwege

Verkehrssicherheit
Hoch, mit Ausnahme in den Ortschaften

Altersgruppe
Für Kinder ab 10 Jahren geeignet

Günstigste Jahreszeit
Hochsommer, sofern Baden im Mittelpunkt steht, sonst von April bis Oktober geeignet

Besondere Ausrüstung
Ggf. Badesachen und Sonnenschutz

Interessantes am Weg
Stauchendmoränen, Buchenhangwald, Steilkliff, »Rasender Roland«

Wegmarkierung
Gelber Querstrich

Diese Radtour verbindet die Seebäder Binz und Sellin, die beide an der Linie des »Rasenden Roland« liegen, der letzten der drei Rügener Kleinbahnen. Die Bahn befördert auch Fahrräder, so daß sich nach dieser anstrengenden Tour die Rückfahrt angenehm mit dem Zug gestalten läßt.

Binz genoß vor dem Zweiten Weltkrieg den Ruf eines Weltbads, war auch zu DDR-Zeiten als Erholungsort sehr begehrt und strebt seit der Wende zielsicher den alten Status eines luxuriösen Badeortes an. Unbestreitbar hat Binz zwischen der hügelreichen Granitz und der nehrungsartigen Schmalen Heide den **schönsten Sandstrand** auf Rügen. An der **Seebrücke** mit herrlichem Blick auf die Küste legen die Weißen Schiffe nach Sassnitz und dem Königsstuhl ab, nach Göhren und der Greifswalder Oie. Viele der alten Villen im Stil der **Bäderarchitektur** sind wieder restauriert worden. Dieser Stil kennt vor allem Holzschmuck am Ziergiebel und an den Loggien, legt Wert auf Balkone und Veranden, Erker und Türmchen. Protzige steinerne Villen findet man kaum, ein eher zierlicher Typ von Gästehaus und Pension herrscht vor. Musterbeispiele sind die turmbewehrte **Villa Hoffnung**

in der Dünenstraße 3 und das **Pensionshaus** in der Hauptstraße 9.
Wer nicht weiß, was eine *Stauchendmoräne* ist, wird es auf der Radtour nach Sellin, dem benachbarten Seebad, erfahren. Die **Granitz** ist ein bewaldetes Hügelland mit kurzen, kräftigen Steigung und Gefällen. Da muß man fest in die Pedale treten – oder schieben.
Während der Eiszeiten – die letzte, die das nördliche Mecklenburg-Vorpommern erreichte, endete vor etwa 10 000 Jahren – schoben die Gletscher aus Skandinavien gewaltige Geröll- und Schuttmassen nach Mitteleuropa. Geriet der Schutt unter die Gletscher, spricht man von *Grundmoränen*. Sie sind meist recht flach. Am Ende der Gletscher blieben dagegen ausgeprägte Hügel zurück. Man nennt sie *Endmoränen*. Wurde eine solche Endmoräne von dem nochmals vorrückenden Eis zusammen-

geschoben oder gestaucht, spricht man von **Stauchendmoränen**. Meistens gibt es eine ganze Staffel dieser Hügel hintereinander – wie in der Granitz.
Die **Radtour** beginnt an der **Seebrücke** in Binz, führt durch die Hauptstraße bis zur evangelischen **Kirche**, biegt links ab in die *Putbuser Straße* bis zur Kinderkurklinik und verläuft rechter Hand steil bergan in die Straße *Klünderberg*. Am Wanderparkplatz biegen wir links in den Wald ein. Auf grobem, festem Schotterweg fahren wir durch den Laubmischwald der Granitz. Meist herrscht die Rotbuche vor, deren dichte, hohe Kronen nur wenig Bodenbewuchs zulassen. Kurz hinter Binz führt die **Teufelsschlucht** zum nahen Ufer hinunter. Bänke laden zum Verweilen ein: Der Blick auf Binz mit Kurhaus und Seebrücke ist bezaubernd, dahinter zeichnet sich die Schmale Heide ab.
Weiter auf dem Schotterweg, ist nach knapp zwei Kilometern die *Kreuzeiche* erreicht, eine Kreuzung mit vielen Wegen, Wegweisern und einer Wanderhütte. Das Pfeifen, das gelegentlich deutlich zu hören ist, stammt vom »Rasenden Roland«, der sich mit Radler-Tempo durch die Granitz kämpft und bei jedem Straßenübergang sein Kommen ankündigt. Wir folgen bei der

Von der Seebrücke aus hat man den Blick auf das Kurhaus von Binz. Das Ostseebad möchte an die Zeit anschließen, als es Weltruf genoß.

Verspielte Ornamente und breite Veranden sind Merkmale der Bäderarchitektur.

Kreuzeiche dem *Hinweisschild nach Sellin* und erreichen nach etwa 1,5 Kilometern die landschaftlich schönste Stelle dieser Tour. Bei einer scharfen Rechtskurve kommt man geradeaus auf einem Fußweg an das Kliff am Falkenberg heran. Rechter Hand kann man bereits die Seebrücke von Sellin erkennen.
Auf dem Waldweg geht es weiter nach Sellin. Die letzte Strecke führt recht steil bergab. Am besten, man fährt zunächst geradeaus in den Ort, überquert die *August-Bebel-Straße* und biegt links ein in die Wilhelmstraße, die Hauptstraße von Sellin. Bergan radelt man geradewegs auf die Seebrücke zu. Sellin ist reich an Hügeln, und die unerwartete Aussicht auf die vierzig Meter tiefer gelegene Seebrücke (mit Imbiß-Kiosk) mit der breiten Treppe hat bisher noch jeden Besucher überrascht.
Nach den starken Steigungen in der Granitz ist eine Rückfahrt mit dem »Rasenden Roland« vielleicht genau das Richtige. Der Bahnhof liegt etwas außerhalb: Man fährt die Wilhelmstraße nach Süden, biegt links in die Granitzerstraße ein, dann rechts in die Ostbahnstraße, an deren Ende der Bahnhof liegt.

Informationen zur Tour

Anfahrt
Mit dem Pkw oder der Bahn bis Binz

Ausgangsort
Ev. Kirche in Binz, Bahnhofstraße

Zielpunkt
Sellin

Rückfahrt
Mit dem »Rasenden Roland« ab Sellin

Fahrradverleih
Fahrradverleih Deutschmann, Schmachter Seestraße 1, Binz, Tel 038393/32420

Übernachtung unterwegs
Strandhotel, Wilhelmstraße 24, Sellin, Tel. 038303/394

Kinderfreundliche Bewirtung
Waldfrieden, Wilhelmstraße 5, Sellin, Tel. 038303/306

Auskunft
- Kurverwaltung Binz, Heinrich-Heine-Str. 7, 18609 Ostseebad Binz, Tel. 038393/37421
- Kurverwaltung Sellin, Warmbadstraße 4, 18586 Ostseebad Sellin, Tel. 038303/293
- Bahnhof Putbus (»Rasender Roland«), Tel. 038301/456

Geeignetes Kartenmaterial
Radwanderkarte Rügen, RV-Verlag, 1:50000; Rügen Spezial, nordland, Ortspläne 1:11 500

20 Rügen – Von Sellin über Baabe nach Göhren

Tourenlänge
6 km

Durchschnittlicher Zeitbedarf
Knapp 1 Stunde Fahrtzeit

Etappen
Baabe

Steigung
Starke Steigung in Sellin und Göhren (bis 70 m)

Beschaffenheit des Geländes
Hügelreiches Waldland mit Buchenwald, Steilkliff, Strand

Beschaffenheit der Wege
Zum Teil Waldwege mit grobem Schotter, Betonspurenwegen, vor Göhren provisorischer Weg im Wald

Verkehrssicherheit
Hoch, mit Ausnahme in den Ortschaften

Altersgruppe
Für Kinder ab 7 Jahren geeignet

Günstigste Jahreszeit
Hochsommer, sofern Baden im Mittelpunkt steht, sonst von April bis Oktober geeignet

Besondere Ausrüstung
Ggf. Badesachen

Interessantes am Weg
Stauchendmoränen, Buchenhangwald, Steilkliff, »Rasender Roland«

Wegmarkierung
Roter Querstrich

Die folgende Radtour verbindet die Badeorte Sellin, Baabe und Göhren. Auch hier können Sie die Tour nach Belieben gestalten, denn die Seebäder liegen an der Bahnlinie des »Rasenden Roland«, der im Gepäckwagen auch Fahrräder mitnimmt.

Bevor wir losfahren, schauen wir uns das hügelreiche **Seebad Sellin** an. Vor allem die Wilhelmstraße, die Prachtstraße des Badeortes, ist einen Spaziergang wert. Hier stehen Villen und Pensionshäuser, die in der stürmischen Zeit nach dem Anschluß des alten Fischerdorfes an die Kleinbahn gebaut wurden. Sellin war stets ein begehrter Badeort, obwohl der Strand recht schmal ist und ab Mittag aufgrund der Steilküste im Schatten liegt.
Größter Stolz des Seebads war die alte, fast 600 Meter lange hölzerne **Seebrücke**, die 1941 durch Eisgang zerstört wurde. 1993 wurde sie in alter Länge neu gebaut (hier gibt es einen Im-

Schwarz liegen die Fischerkähne auf dem breiten Sandstrand bei Baabe: Von hier aus kann man auf der schmalen Promenade nach Göhren hinüberradeln.

biß). Wie in den alten Zeiten ist der Ausblick von der Freitreppe auf die tief unten gelegene Brücke bei den Badegästen sehr beliebt.

Wir verlassen Sellin auf der *Wilhelmstraße* nach Süden, biegen links in die *Granitzerstraße* ein, dann rechts in die *Ostbahnstraße.* Hinter der Schule biegt links der *Kiefernweg* ab, eine ruhige Asphaltstraße, die leicht bergan führt. Auf der kleinen Anhöhe öffnet sich rechts ein schöner Ausblick über den Selliner See. Beim Cliffhotel biegen wir links ab, um rechts die Räder eine kleine Treppe hinunterzuschieben.

Am Sportplatz vorbei, radeln wir auf dem Waldweg nach **Baabe**. Am Ende der ruhigen Wohnstraße biegen wir links in die *Strandstraße* ein. Wir stehen mitten im Zentrum des kleinen Seebads: Kirche und Post vor uns, rechts einige gute Restaurants und die Bahnlinie, links die Strandstraße, eine schöne Allee, die geradewegs zum Strand führt. Auf dem Radweg radelt man schnell an den Sandstrand. Baabe ist zwar das kleinste der Ostseebäder auf Rügen, hat keine Seebrücke, nur eine schmale Strandpromenade, hat kaum Bäderarchitektur – aber einen wunderschönen **Strand**. Wer Abwechslung vom lauten Seebad Binz sucht, der ist hier genau richtig.

Von Baabe führen zwei Wege nach Göhren – die schmale Strandpromenade und der Radweg durch den Wald. Innerhalb von Baabe und Göhren ist die Strandpromenade den Spaziergängern vorbehalten, aber in ruhigen Zeiten kann man dort sicherlich radeln, mit Kindern allemal. Fußgänger haben aber

Vorrang; in Göhren sollte man die Räder kurz vor der Seebrücke schieben. Wir entscheiden uns für den *Radweg* durch den Wald, den *Göhrener Weg*, der neben der Kirche in Baabe beginnt. Der Weg ist breit, gut befahrbar, hat wenig Steigung und führt schnurgerade durch den Kiefernwald der Baaber Heide. Bei einer Kreuzung, dort steht eine Wanderhütte, fahren wir geradeaus weiter. Der Weg biegt vor dem Bahngleis links ab und führt als sandiger Wanderweg weiter. Unmittelbar vor Göhren wird man nach rechts umgeleitet: Am besten, man steigt ab und schiebt die Räder durch die schmale, kurze »Umleitung«. Es sind nur wenige Meter, dann steht man am Bahnhof Göhren, der Endstation des »Rasenden Roland«.

Der **»Rasende Roland«** ist stets umlagert von Schaulustigen. Wenn die Dampflokomotive abgespannt wird, um am nahen Depot Wasser zu fassen, sind immer Kinder und Eisenbahnliebhaber vor Ort, die jeden Handgriff des Lokführers beobachten. Während Bahngleise in Mitteleuropa normalerweise 1435 Millimeter breit sind, fährt »Roland« mit einer Spurweite von nur 750 Millimeter. Deshalb ist eine Fahrt mit dem »Roland« ja auch so unterhaltsam: Die Waggons schaukeln auf dem schmalen Gleis mächtig hin und her, obwohl »Roland« gerademal dreißig Stundenkilometer schafft. Kurz vor der Jahrhundertwende gebaut, begünstigte »Roland« die stürmische Entwicklung der Badeorte Binz, Sellin, Baabe und Göhren. Die Züge waren zeitweise hoffnungslos überlastet. Als Museumsbahn konnte der »Rasende Roland« in die Zeit nach der Wende hinübergerettet werden.

Hinter dem Bahnhof erreichen wir links den nahen **Nordstrand** mit der Seebrücke. Dort endet die Strandpromenade von Baabe her, dort findet man einen Spielplatz und einige Restaurants. **Göhren** liegt landschaftlich sehr reizvoll auf hügeligem Gelände, es gibt einen Nordstrand und einen Südstrand, im Osten ragt wie eine lange Nase das hügelreiche, mit altem Buchenbestand bewachsene Nordperd in die See, der östlichste Punkt Rügens. So empfehlenswert ein Ausflug dorthin auch ist, die Räder sollte man zurücklassen, um das Hügelland zu Fuß zu erkunden. Unterhalb der Hügelkette, etwa 300 Meter vom Nordstrand entfernt, sieht man den Buskam, einen riesigen **Findling**. Bei mittlerem Wasserstand ragt er nur einen Meter heraus. Es ist kaum zu glauben, daß der etwa 1600 Tonnen schwere Brocken von Gletschern aus Skandinavien hierhergeschoben wurde. Man sagt, daß früher Göhrener Hochzeitspaare hinausfuhren, um auf dem Buskam zu tanzen.

Mit dem »Rasenden Roland« fahren wir zurück nach Sellin.

Der »Rasende Roland«, die dampfgetriebene Schmalspurbahn zwischen Putbus und Göhren, ist immer eine Attraktion.

Informationen zur Tour

Anfahrt
Mit dem Pkw oder der Bahn bis Sellin

Ausgangsort
Sellin, Seebrücke

Zielpunkt
Göhren

Rückfahrt
Mit dem »Rasenden Roland« ab Göhren

Fahrradverleih
- Familie Binz, Granitzer Straße 4, Sellin, Tel. 038303/527
- Tilly, Poststraße, Göhren, Tel. 038308/2240

Übernachtung unterwegs
- Strandhotel, Wilhelmstraße 24, Sellin, Tel. 038303/394
- Ostsee-Hotel, Dorfstraße 2, Baabe, Tel. 038303/318

Kinderfreundliche Bewirtung
Restaurant Eden, Dorfstraße 1, Baabe, Tel. 038303/965

Öffnungszeiten
Mönchguter Museum Göhren, s. Tour 21

Auskunft
- Kurverwaltung Baabe, Fritz-Worm-Straße 1, 18586 Ostseebad Baabe, Tel. 038303/1420
- Kurverwaltung Göhren, Schulstraße 8, 18586 Göhren, Tel. 038308/2150
- Bahnhof Göhren, Tel. 038308/2104

Geeignetes Kartenmaterial
Radwanderkarte Rügen (1:50 000), RV-Verlag; Rügen Spezial (Ortspläne 1:11 500), nordland

21 Rügen – Von Göhren über Thiessow nach Klein Zicker

Tourenlänge
10 km

Durchschnittlicher Zeitbedarf
1 Stunde Fahrtzeit

Etappen
Lobbe, Thiessow

Steigung
Erhebliche Steigung in Göhren (bis zu 70 m)

Beschaffenheit des Geländes
Hügelreicher Buchenwald auf Stauchendmoränen, Steilkliff, Strand, Küstenschutzwald

Beschaffenheit der Wege
Betonspurweg, grober Asphaltweg, sehr guter Waldweg von Lobbe nach Thiessow, Asphaltstraße

Verkehrssicherheit
Hoch

Altersgruppe
Für Kinder ab 7 Jahren geeignet

Günstigste Jahreszeit
Hochsommer, sofern Baden im Mittelpunkt steht; sonst von April bis Oktober geeignet

Besondere Ausrüstung
Badesachen, Sonnenschutz, Fernglas

Interessantes am Weg
Museen in Göhren, Steilküste, Kliff

Wegmarkierung
Gelber Querstrich

Die Radtour von Göhren nach Thiessow und Klein Zicker führt in das **klassische Mönchgut**, den schönsten Teil Rügens, wie viele Kenner der Insel versichern. Den Namen »Mönchgut« kann man wörtlich nehmen: Das Gebiet gehörte einmal zu den Ländereien des *Klosters Eldena* bei Greifswald. Bedeutendster Ort ist Göhren, dessen slawischer Name – gora bedeutet Berg – eine frühe Besiedlung durch die *Ranen* erkennen läßt. In der Tat liegt Göhren in einem sehr hügelreichen Gelände, wovon man sich auf einem Spaziergang zum *Nordperd* überzeugen kann. Das Hügelland mit seinem alten Buchenbestand ist ein reines Wandergebiet, Fahrräder wären da nur hinderlich. Göhren, ein Seebad ganz in Weiß, bietet zwei Strände, gebadet wird aber meist am schöneren Nordstrand. Das Seebad gibt sich sehr kulturell: Hier findet man – und das ist einzigartig auf Rügen – vier Museen. Das bedeutendste ist das **Heimatmuseum Mönchgut** in einem ehemaligen Lotsenhaus, vor dessen Haustür mächtige Anker liegen. Wer schon immer wissen wollte, wie eine Mönchguter Bauernstube aussah, der ist hier richtig.

Zwischen Thiessow und Klein Zicker: Radler erkunden das Mönchgut, die wohl schönste Landschaft Rügens, Deutschlands größter Insel.

Die Radtour beginnt am Heimatmuseum und führt die holprige *Thiessower Straße* bergab. Wir folgen dem Verlauf der Straße, fahren an einigen Fischerhütten am Strand vorbei und erreichen das **Museumsschiff Luise**. Mit Frachtseglern wie »Luise« wurden früher rund um Rügen schwere Lasten befördert, wozu das holländische Schiff mit seinem Plattboden recht gut geeignet war. Im Frachtraum wartet eine kleine Ausstellung zu Rügens Schiffahrt auf Besucher. Auch ein »Ligger« hat im Museum seinen letzten Liegeplatz gefunden. In dem bootsförmigen, siebartigen Holzbehälter wurden lebende Fische gehalten.

Wir fahren weiter auf der Straße, hinter dem Museum halten wir uns links. Es

folgt die »Durststrecke« dieser Radtour: eine holprige Plattenstraße, mit verlassenen Häusern und Brachgelände.
In **Lobbe** sollte man – der Aussicht wegen – bei einigen Fischerhütten einmal zum nahen Strand gehen. Dann biegen wir auf den provisorischen Radweg links der Landstraße nach *Thiessow* ein, radeln am *Campingplatz* vorbei und biegen dahinter links in den Kiefernwald ab. Auf einem guten Radweg radeln wir durch den **Küstenschutzwald** nach *Thiessow*. Die Strecke ist etwa 3,5 Kilometer lang. Durch einen der zahlreichen Durchgänge kommt man rasch an den langen Sandstrand heran – gute Gelegenheit zum Baden. In der Ferne sieht man die Greifswalder Oie mit dem Leuchtturm, weiter rechts den Ruden, noch weiter rechts die Nordspitze von Usedom und den Struck. Ein Blick auf eine großräumige Landkarte zeigt uns, daß wir uns hier am äußersten Südostzipfel von Rügen befinden und somit exakt nördlich von Usedom.
Bei einer Schranke sind wir bereits in **Thiessow** angekommen. Dahinter beginnt die schattige Strandpromenade, die durch den Kiefernwald verläuft. Wir biegen rechts in die *Strandstraße* ein, anschließend links in die *Hauptstraße*. Das ehemalige Lotsendorf Thiessow liegt am Südende des Mönchguts. Hat Göhren sein Nordperd, hier findet man das Gegenstück, das Südperd. Ein Rundwanderweg – Fahrräder würden hier nur stören – führt in der Verlängerung der Strandpromenade am Südperd und am Lotsenberg entlang. Seit 1632 sind Lotsen in Thiessow nachgewiesen, im Jahre 1863 zählte man 655 Lotsungen. Lotsen leiteten Schiffe sicher in den Hafen von Stralsund, was damals zwei bis drei Tage dauerte. Bei Sturm wurden mitunter zwei Wochen daraus. Es ist kaum vorstellbar, aber wahr: Zurück

Der Hafen von Klein Zicker mit seinen farbenfrohen, wimpelbewehrten Fischerbooten ist immer wieder ein Anziehungspunkt für Besucher.

kamen die Lotsen zu Fuß! Aber es kommt noch mehr!
Wenn man der Hauptstraße folgt, gelangt man in der ersten scharfen Rechtskurve zum Endhaken, der **Südspitze** des Mönchguts. Auch in der nächsten Rechtskurve kommt man leicht an den Strand heran. Dort kann man gut sitzen, nach Klein Zicker hinübersehen und sich fragen, warum es solch eine liebliche Landschaft nicht auch anderswo gibt.
Bei Thiessow, Klein Zicker und auf dem Zickerschen Höft liegen *Moränenrücken* die von den Gletschern der letzten Eiszeit geschaffen wurden. Die steilen *Kliffränder* dagegen sind durch die Brandung der Ostsee entstanden. Hier gibt es bemerkenswerterweise nur wenig Niederschläge, so daß sich Trockenrasen bilden konnte. Das sind Blumen und Gräser, die sich auf trockenen Boden mit viel Sonnenlicht spezialisiert haben. Sie sind in Deutschland nur selten zu finden.
Nach **Klein Zicker** kommt man zu Fuß am Strand entlang oder auf der Straße. Ob hier ein Radweg gebaut wird, ist noch offen; die Landstraße wird im Sommer von Urlaubern jedenfalls recht stark befahren. Einen Ausflug lohnt das kleine Dorf auf jeden Fall, das aus einem im 14. Jh. erstmals genannten Einzelhof hervorging. Der **Hafen** am Zickersee ist bezaubernd, allerdings sind die Fischer nicht gerade auf Besuch eingestellt.
Durch die *Dörpstrat* geradeaus erreicht man das niedrige *Steilufer*, über eine Leiter kommt man zum Ufer hinunter. Am Anfang von Klein Zicker führt halbrechts der Fußweg zum 38 Meter hohen Aussichtsberg hoch. Von oben hat man einen wunderschönen Ausblick über Zickersee und Kaming und das ganze Zickersche Höft gegenüber.
Auf demselben Weg fahren wir zurück nach Göhren.

Informationen zur Tour

Anfahrt
Mit dem Pkw oder der Bahn bis Göhren

Ausgangsort
Heimatmuseum Göhren

Zielpunkt
Klein Zicker

Rückfahrt
Auf demselben Weg

Fahrradverleih
Tilly, Poststraße, Göhren, Tel. 038308/2240; über Kurverwaltung Thiessow

Übernachtung unterwegs
Haus Ostsee, Strandstraße 17, Thiessow, Tel. 038308/8262

Kinderfreundliche Bewirtung
Fischrestaurant, am Hafen, Thiessow, Tel. 038308/30001

Öffnungszeiten
Mönchguter Museum Göhren (mit Heimatmuseum, Museumshof, Rookhuus und Museumsschiff), Mai u. Okt. tägl. außer Di 10–17 Uhr, Juni u. Sept. tägl. außer Di 10–18 Uhr, Juli u. Aug. tägl. 10–18 Uhr, Heimatmuseum auch Nov.–April tägl. außer Di 10–16 Uhr, Tel. 038308/2175

Auskunft
- Kurverwaltung Göhren, Schulstraße 8, 18586 Göhren, Tel. 038308/2150
- Kurverwaltung Thiessow, Hauptstraße 36, 18586 Thiessow, Tel. 038308/8280

Geeignetes Kartenmaterial
Radwanderkarte Rügen (1: 50 000), RV-Verlag; Rügen Spezial (Ortspläne 1:11 500), nordland

22 Rügen – Von Breege über Vitt nach Kap Arkona

Tourenlänge
11 km

Durchschnittlicher Zeitbedarf
1 Stunde Fahrtzeit

Etappen
Juliusruh, Vitt, slawischer Burgwall

Steigung
Lange, sanfte Steigung (50 m)

Beschaffenheit des Geländes
Flaches Hochland, Steilküste mit Kliff, Strand

Beschaffenheit der Wege
Guter Betonstreifenweg, Schotterweg

Verkehrssicherheit
Hoch, mit Ausnahme der Überquerung der Wittower Straße bei Juliusruh

Altersgruppe
Für Kinder ab 7 Jahren geeignet

Günstigste Jahreszeit
Hochsommer, sofern Baden im Mittelpunkt steht; sonst von April bis Oktober geeignet

Besondere Ausrüstung
Badesachen, Sonnenschutz, Fernglas

Interessantes am Weg
Steilufer, steinzeitliches Hügelgrab, Fischerdorf Vitt, mit achteckiger Kirche, slawischer Burgwall, zwei Leuchttürme, Kreidekliff

Wegmarkierung
Blauer Querstrich

Breege am Nordende der Schaabe, der schmalen Landverbindung zwischen Jasmund und Wittow, war einmal ein reiches Fischer- und Seefahrerdorf, wovon bis heute die stattlichen **Kapitänshäuser** im Ort zeugen. Inzwischen gibt es auch die traditionelle **Schiffsverbindung** nach **Hiddensee** wieder, so daß sich ein Ausflug von dort zur **Halbinsel Wittow** anbietet.
Die folgende Radtour führt vom Hafen in Breege über Juliusruh am hohen Ostufer Wittows entlang zum Fischerdorf Vitt und nach Kap Arkona an der Nordspitze der Halbinsel. Vom **Hafen** in Breege radeln wir die *Dorfstraße* in *Richtung Wittower Straße* und biegen links in den *Parkweg* ein, der zum **Park von Juliusruh** führt. Die stattliche Anlage wurde Ende des 18. Jh. von Julius von der Lancken geschaffen.
Wir fahren nun an der Weggabelung am Beginn des Parks links und biegen

Zeugnis früher Besiedlung der Halbinsel Wittow ist das jungsteinzeitliche Grab bei Nobbin mit seinen riesigen Wächtersteinen.

rechts zum *Gedenkstein* ab. Etwa dreißig Meter dahinter geht es wiederum links durch den Wald bis zur stark befahrenen *Wittower Straße*. Achtung beim Überqueren! Danach geht es auf dem Gehweg nach links weiter. Hinter dem Rostocker Stübchen biegen wir rechts ab, radeln am *Campingplatz Drewoldke* vorbei und erreichen den ausgezeichneten Betonspurweg, wegen der zwei Streifen im Volksmund vom Typ »Hosenträgerweg« genannt, der bis zum Fischerdorf Vitt führt. Strandabgänge gibt es nur wenige unterwegs, so daß man die Treppe hinter dem Campingplatz vielleicht zu einem Bad nutzen sollte. Unterwegs gibt es zahlreiche Aussichtspunkte am Hochufer, von denen aus man die Tromper Wiek gut überblicken kann. Schilder warnen davor, der Kante zu nahe zu kommen. Das *bewaldete Hochufer* ist streckenweise von steilen, unbewaldeten *Kliff-Partien* unterbrochen. Gegenüber sieht man die Nordseite der Halbinsel Jasmund mit der Gemeinde Lohme, rechter Hand erstreckt sich der Nehrungsarm der Schaabe, links wölbt sich das nordöstliche Ende von Wittow vor.

Nobbin und Goor heißen die beiden winzigen Siedlungen, die am Weg nach Vitt liegen. Hinter Nobbin stößt man am Wegesrand auf ein jungsteinzeitliches Grab. Es ist etwa 5000 Jahre alt, besteht aus einer offenen Grabkammer und einigen mächtigen, aufrecht stehenden Findlingen, den sogenannten Wächtersteinen.

Kurz vor Goor sieht man vom Goorer Berg die weiße Fischerkirche von Vitt auf dem Hochufer gegenüber. Hinter den wenigen Häusern von Goor beginnt die Schlucht, in der sich die Fischer von Vitt niedergelassen haben. Der Weg gabelt sich hier.

Links erreicht man direkt die Fischerkirche auf dem Hochufer, rechts bringt uns der Weg ins Dorf.

Wir halten uns rechts und radeln durch die Schlucht in das winzige Fischerdorf. Die Wege sind eng und immer von Touristen bevölkert. Alle zieht es hinunter an den Strand und zum kleinen Hafen, wo ein Kutter zur Fahrt rund um Kap Arkona einlädt. Die grandiose Sicht auf das nahe Kliff bringt viele auf die Idee, eine Wanderung zum Kap Arkona zu unternehmen. Da ist man leicht Stunden unterwegs, beispielsweise auf Bernsteinsuche. Irgendwann steht man dann unter dem Felsen von Kap Arkona. Er besteht ganz aus Kreide. Vor 70 Millionen

Jahren lagerten sich in einem Meer die Kalkschalen winziger Lebewesen ab, zum Beispiel der Panzergeißeltierchen. Es entstand eine mächtige Kreideschicht, in die Feuersteine streifenweise eingelagert sind.

Durch das Dorf erreicht man rasch die **Kapelle** auf dem Hochufer. In der Heringsfangsaison mieden die Fischer den langen Weg zum Gottesdienst in Altenkirchen, denn sie mußten beim Eintreffen der Schwärme sofort in ihre Boote. So kam Pfarrer Kosegarten zu ihnen ins Dorf und machte die *Ufergottesdienste* in seinen literarischen Werken bekannt. 1806–1816 ließ er für die Fischer von Vitt die Kapelle nach Entwürfen des berühmten Baumeisters Schinkel errichten. Das achteckige, weiß verputzte Kirchlein mit dem Rohrdach und den sechs dreiteiligen Spitzbogenfenstern ist hinreißend schön, dabei einfach und bescheiden.

Von der Kirche führt ein Radweg am Hochufer entlang zur **Jaromarsburg**. Der mächtige Burgwall, mehrere Jahrhunderte lang das religiöse Zentrum der *Ranen*, der Rügenslawen, war Swantevit geweiht, dem Gott der Götter aller Slawen. 1168 eroberten die Dänen die Festung und unterwarfen die Ranen. Große Teile des Geländes am Kliffrand wurden inzwischen von Sturm und Brandung abgetragen.

Vom Burgwall radeln wir zu den beiden **Leuchttürmen** hinüber, die dicht beieinander am Hochufer stehen. Der gedrungene, kleinere Turm, ein klassizistisches Bauwerk von 19 Meter Höhe, wurde 1825–1829 nach Entwürfen von Schinkel erbaut. Der modernere, 36 Meter hohe Leuchtturm kam 1902 hinzu. Man sollte nicht versäumen, den Schinkel-Turm zu besteigen, die Aussicht ist grandios. Zurück nach Breege empfiehlt sich derselbe Weg.

Vom Fischerdorf Vitt haben Besucher einen wunderschönen Blick auf den mächtigen Kreidefelsen von Kap Arkona und den slawischen Burgwall.

Informationen zur Tour

Anfahrt
Mit dem Pkw bis Breege; mit dem Dampfer von Hiddensee bis Breege

Ausgangsort
Hafen in Breege

Zielpunkt
Kap Arkona

Rückfahrt
Auf demselben Weg

Fahrradverleih
- Schröder, Dorfstraße 88, Breege, Tel. 038391/12657
- Beim Informationsamt Putgarten, neben dem Parkplatz am Ortseingang, Putgarten

Übernachtung unterwegs
Pension Zum Breeger Bodden, Dorfstraße 55, Breege, Tel. 038391/538

Kinderfreundliche Bewirtungen

- Restaurant Zum Alten Fischer, Am Breeger Hafen, Breege, Tel. 038391/12189
- Restaurant Zum Goldenen Anker, Vitt

Öffnungszeiten

Schinkel-Leuchtturm Putgarten, tägl. 10 Uhr bis zum Anbruch der Dunkelheit. Der neue Leuchtturm kann nicht betreten werden.

Auskunft

- Informationsamt Breege, Wittower Straße 5, 18556 Juliusruh, Tel. 038391/311
- Informationsamt Putgarten, neben dem Parkplatz am Ortseingang, Putgarten, Tel. 038391/4190

Geeignetes Kartenmaterial

Radwanderkarte Rügen (1: 50000), RV-Verlag; Freizeitkarte Rügen (1: 75000), nordland

23 Rügen – Von Hagen zum Königsstuhl und nach Lohme

Tourenlänge
8 km

Durchschnittlicher Zeitbedarf
2 Stunden Fahrtzeit

Etappen
Herthasee, Königsstuhl, Ranzow, Lohme

Steigung
Bis zu 30 m

Beschaffenheit des Geländes
Buchenhangwald, Steilküste mit Kreidefelsen, Geschiebestrand, Hafen in Lohme

Beschaffenheit der Wege
Feldwege, Pflasterstraßen, Waldwege

Verkehrssicherheit
Hoch, mit Ausnahme der Straße in Hagen

Altersgruppe
Für Kinder ab 7 Jahren geeignet

Günstigste Jahreszeit
Von April bis Oktober geeignet

Interessantes am Weg
Buchenhangwald, Herthasee, Kreidefelsen

Wegmarkierung
Radwegweiser, weißblauer Streifen (vertikal)

Der Großparkplatz Hagen ist Ausgangspunkt der Radtour, die auf einem historischen Pflasterweg durch die Stubbenkammer führt; Herthasee, slawischer Burgwall, Königsstuhl und Wissower Klinken sind unterwegs als kurze Abstecher zu Fuß zu erreichen. Vom

Königsstuhl führt die Route weiter nach Lohme.
Vom **Großparkplatz Hagen** radeln wir eine kurze Strecke (ohne Radweg) nach Hagen hinein. Hinter der Pension Hertha biegt rechts der Feldweg in die **Stubbenkammer** ab. Die Namen Stubbenkammer bzw. Stubnitz sind slawischen Ursprungs und bedeuten »Stufenland«, womit das »schuppige« Gelände recht gut beschrieben wird. Der größte Teil Jasmunds besteht aus einem Hochplateau mit sanften Hängen und Kerbtälern, das von Kreideaufbrüchen durchsetzt ist. Zur Ostsee fällt das Hochland in einer sieben Kilometer langen **Steilküste** mit zahlreichen **Kreidekliffs** ab. Die Kreide bildete sich vor 70 Millionen Jahren, als sich im Meer die Kalkschalen kleinster Lebewesen ablagerten. Im Lauf von Jahrmillionen wuchs eine mächtige Kreideschicht, die während der Eiszeit unter dem Gewicht der Gletscher kippte. Gletscherschutt, Kies und Sand überformten die Landschaft. Die Stubbenkammer wurde nach dem Zusammenbruch der DDR zum **Nationalpark Jasmund** erklärt. Mit nur 3000 Hektar Fläche ist er der kleinste seiner Art in Deutschland. In einem Nationalpark stehen die Natur und ihr Schutz an erster Stelle, nicht die Interessen der Bewohner und Besucher. Das ist nur allzu verständlich, ist doch der Rotbuchenwald der Stubbenkammer – er nimmt etwa vier Fünftel der Nationalparkfläche ein – einzigartig in Deutschland. An feuchten Standorten wachsen Erlen und Eschen, in den Kerbtälern und Schluchten am Steilufer findet man Ahorn, Ulme, Eibe und seltenes Wildobst.

Seit Caspar David Friedrich den Königsstuhl malte, gehören die Kreidefelsen der Stubbenkammer zu Deutschlands bekanntesten Sehenswürdigkeiten.

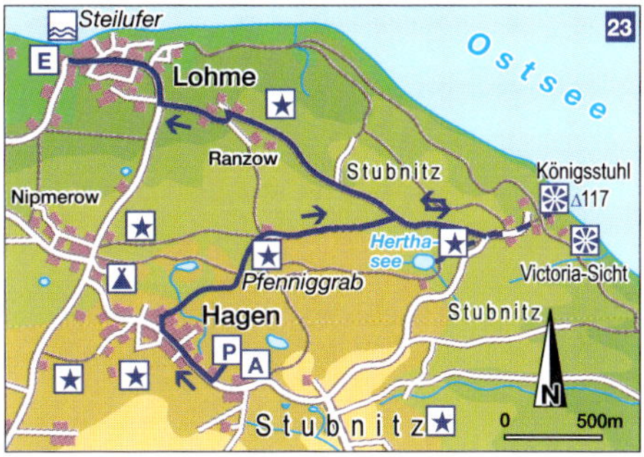

Inzwischen sind wir nach kurzer Wegstrecke durch den Wald am **Baumhaus Schwierenz** angekommen. Wir halten uns rechts und radeln dem *Königsstuhl* entgegen. Nach etwa einem Kilometer kommen wir an eine große Kreuzung: links geht es nach Lohme, rechts führt der weißblau gekennzeichnete Radweg – uraltes Pflaster – in Richtung Königsstuhl weiter. An der Straße angekommen, sollte man sich kurz orientieren. Halbrechts kommen Sie auf einem Wanderweg zum nahen Herthasee mit dem slawischen Burgwall, einer Fluchtburg. Links über die Straße – hier fahren nur Busse – kommen wir zum **Königsstuhl** Hier gibt es einige Restaurants, Imbißbuden und Andenkenläden, die stets gut besucht sind. Ein kurzer Weg führt zur **Aussichtsplattform** über die 117 Meter hohen Kreidefelsen des Königsstuhls. Seinen Namen erhielt der berühmteste Felsen der Stubnitz vermutlich durch den schwedischen König Carl XIII., der angeblich 1715 an dieser Stelle aus einem Sessel ein Gefecht seiner Kriegsschiffe mit der dänischen Flotte beobachtete. Die Sagenwelt weiß es allerdings anders:
Danach soll derjenige zum König gewählt werden, der als schnellster vom Strand auf den Felsvorsprung klettert und auf einem Stuhl Platz nimmt. Das

Seit undenklichen Zeiten ranken sich Sagen und Legenden um den stillen Herthasee in der Stubbenkammer, an dem schon die Slawen siedelten.

sollte man sich gut überlegen, denn der Abgang zum Strand ist steil, beschwerlich, gelegentlich sogar rutschig.
Am **Geröllstrand** findet man jede Menge *Granit- und Gneisbrocken*, sogenannte Geschiebe, dazwischen *Kreideklumpen* und Abertausende **Feuersteine**.
Ihren Namen haben Feuersteine zurecht: Wenn man sie – man sollte es im Dunkeln ausprobieren – aneinanderschlägt, sprühen tatsächlich die Funken.
Wer geduldig sucht, entdeckt gelegentlich einen der **Donnerkeile**, das sind kegelförmige Reste einer Tintenfischart.
Am leichtesten findet man Bernstein nach einem heftigen Sturm, wenn die Wellen die meist hellbraunen, gelegentlich aber auch milchig-gelben Stückchen aus dem Untergrund gespült haben, ferner versteinerte Seeigel und Bernsteinstückchen. Wem der Abgang zu anstrengend ist, kann auf dem Hochuferwanderweg in Richtung *Sassnitz* gehen – an schönen Aussichten, etwa auf die *Wissower Klinken*, mangelt es nicht.

Nun geht es nach *Lohme*, nicht nur des schön gelegenen Panorama-Restaurants wegen. Wir fahren zurück auf demselben Radweg, der alten Pflasterstrecke, und halten uns an der großen Kreuzung rechts in Richtung Lohme (*Wm. weißblau*). Es geht durch wunderschönen Buchenwald; an einer großen Weggabelung mit einer riesigen Buche rechts halten. Bergab erreichen wir den Waldrand, kurz darauf radeln wir durch **Ranzow**. An der Landstraße halten wir uns rechts und erreichen kurz darauf **Lohme**. Die hohen Sendemasten beim Ort gehören zur Seefunkstation Rügenwelle.
Das ehemalige Fischerdorf liegt unmittelbar an der Steilküste, an deren Rand ein Wanderweg entlangführt. Drei Wellenbrecher aus Granitbrocken schützen das hart bedrängte Ufer vor der Brandung der Ostsee. In der Mitte von Lohme trifft man auf das sehr empfehlenswerte **Panorama-Restaurant** Lohme mit einer schön gelegenen Terrasse über der Steilküste. Für Kinder hält der Hotelier eigens eine Speisekarte zum Malen bereit. Wer gern einfacher ißt, besucht am besten das Café Niedlich an der steilen Treppe zum Strand hinunter.
Es ist heute fast vergessen, daß die Fischer von Lohme früher ihren Fang mittels einer Seilbahn die Steilküste zum Dorf hinaufschafften. Die Zeiten sind lange vorbei, heute steht der Tourismus vornan.
Für die Fahrt zurück zum Parkplatz Hagen empfiehlt sich derselbe Weg, allerdings kann man bereits kurz hinter *Ranzow* im Wald rechts abbiegen. An der folgenden Weggabelung führen beide Pfade zum **Baumhaus Schwierenz**

Informationen zur Tour

Anfahrt
Mit dem Pkw bis Hagen

Ausgangsort
Parkplatz Hagen

Zielpunkt
Lohme

Rückfahrt
Auf demselben Weg

Fahrradverleih
Harm, Birkenweg 12, Sassnitz, Tel. 038392/35075; Schreiber, Dorfstraße 7, Hagen

Übernachtungen unterwegs
- Gasthaus Kleine Försterei, Dorfstraße 53 a, Hagen, Tel. 038302/90012
- Hotel Lohme, Dorfstraße 35, Lohme, Tel. 038302/9221
- Villa Aegir, Mittelstraße 5, Sassnitz, Tel. 038392/33002

Kinderfreundliche Bewirtungen
- Hotel Lohme, s. Übernachtung
- Café Niedlich, oberhalb des Hafens in Lohme
- Rügen-Hotel, Seestraße 1, Sassnitz, Tel. 038392/32090

Auskunft
- Verkehrsamt Sassnitz, Hauptstraße 70, 18546 Sassnitz, Tel. 038392/32037
- Nationalpark Jasmund, 18546 Saßnitz, Weddingstraße 1, Tel. 038392/35011 (Sprechzeiten 13–15 Uhr)

Geeignetes Kartenmaterial
Radwanderkarte Rügen (1:50000), RV-Verlag; Freizeitkarte Rügen (1:75 000), nordland

24 Usedom – Von Zinnowitz zum Hafen Karlshagen

Tourenlänge
10 km

Durchschnittlicher Zeitbedarf
1,5 Stunden Fahrtzeit

Etappen
Trassenmoor, Karlshagen, Hafen

Steigung
Gering

Beschaffenheit des Geländes
Vordüne mit Küstenwald, Strand, Peenestrom mit Schilf-Flächen

Beschaffenheit der Wege
Sehr gute Waldwege, in Karlshagen Radwege

Verkehrssicherheit
Hoch, mit Ausnahme der Überquerung der Straße Zinnowitz-Peenemünde in Karlshagen

Altersgruppe
Für Kinder ab 7 Jahren geeignet

Günstigste Jahreszeit
Von April bis Oktober

Besondere Ausrüstung
Insektenschutz

Interessantes am Weg
Seebäderarchitektur in Zinnowitz, Hafen Karlshagen

Wegmarkierung
Übliche Radwegweiser bzw. blauer Querstrich

Die folgende Radtour nimmt ihren Anfang in Zinnowitz und führt durch den Küstenwald über Trassen-

Türmchen mit Ausguck: Liebhaber der alten Bäderarchitektur geraten im Ostseebad Zinnowitz auf Usedom immer wieder ins Schwärmen.

moor und Karlshagen bis zum Hafen von Karlshagen am Peenestrom. Vor dem Start sollte man sich aber ein bis zwei Stunden Zeit für das **Ostseebad Zinnowitz** nehmen, das größte auf der Nordhälfte Usedoms. Wendisch »Tzys«, dann »Zitz«, später »Zinnewitz« – der Ort Zinnowitz hatte viele Namen. Nachdem ab 1851 die Zinnowitzer Feriengäste unterbringen durften, erfuhr das Fischerdorf zunächst einen bescheidenen Aufstieg, der sich nach der Jahrhundertwende stürmisch entfaltete. Damals wurde ein Hotelbau nach dem anderen an die Strandpromenade gesetzt, die meisten sehr stattlich und auf Prestige bedacht. Viele sind in den letzten Jahren renoviert worden. In der Parade der Usedomer Seebäder war Zinnowitz mit Abstand das konservativste, man war strikt deutschnational, Sozialdemokraten waren nicht gern gesehen. Zu DDR-Zeiten erholten sich vor allem die Werktätigen des erzgebirgischen Großunternehmens »Wismut« in Zinnowitz.

Start der Radtour ist die **Seebrücke** von Zinnowitz. Auf der Strandpromenade geht es in *nördlicher Richtung*. Rechter Hand liegt der stattliche **Kurpark** mit Cafés, Sitzbänken und einem Kinderspielplatz, links reiht sich Villa an Villa. Rechts der Strandpromenade findet man ein kleines Restaurant in einem kleinen Schiff an Land. Dann folgen links das riesige Hotel Baltic und das Meerwasserschwimmbad.

Und schon ist man auf dem Radweg durch den **Küstenschutzwald** nach *Trassenmoor*. Rechts versperrt die bewaldete Vordüne den Blick auf den Strand, links erstreckt sich ein stattlicher Kiefernwald. Schnurgerade zieht sich der Weg längs der Küste dahin, unterbrochen von einigen Strandübergängen – Gelegenheit zu einem Bad in der Ostsee. Mitten im Kiefernwald tauchen Wochenendhäuschen, Zelte und Wohnwagen auf – der *Campingplatz Trassenheide* ist erreicht. Er endet an der Straße, die von Trassenmoor nach Trassenheide verläuft. Rechts kommt man auf dieser Straße bis zum **Strand**.

Wir fahren links in die Strandstraße. Hinter einem großen Parkplatz biegt rechts der Waldweg nach *Karlshagen* ab. Auf einem gepflegten, wassergeschlämmten Radweg geht es durch eine **Birkenallee**, wie man sie selten zu sehen bekommt. Der Radweg beschreibt nun zwei weite Rechts-Links-Kurven, die letzte Linkskurve führt auf den Campingplatz Karlshagen, der parallel zur Küste

verläuft. An seinem Ende kommt man rechts zum Strand.
Karlshagen ist ein Dorf, doch die vierstöckigen Wohnbauten verleihen der Gemeinde einen städtischen Charakter. Hier lebten während des Zweiten Weltkriegs die Wissenschaftler der Heeresversuchsanstalt Peenemünde, wo Hitlers V-2-Rakete getestet wurde. Zahlreiche Wohnhäuser wurden 1943 bei einem britischen Luftangriff zerstört; eine Reihe Wohnbauten längs der Straße nach Peenemünde ist erhalten.
Besonders für Kinder sehr zu empfehlen ist ein Besuch des **Naturschutzzentrums Usedom**: Man radelt, vom Campingplatz kommend, geradeaus in die *Dünenstraße*. Am Ende der Wohnblocks biegt man rechts ab, dann geht es hinter einer Gebüschreihe wieder links. Unmittelbar am Strand ist das Zentrum untergebracht. Hier erfährt man vieles über Zugvögel und die Naturschutzgebiete Usedoms.
Zurück auf der Strandstraße, fahren wir in den Ort hinein, in Richtung *Karlshagen Hafen* (Radwege auf beiden Seiten). Dabei muß man die Straße Zinnowitz-Peenemünde überqueren, die aber meist nicht stark befahren ist, anschließend die Gleise der Bäderbahn. Die **Bahnstation** neben der **Kirche** im Süden (links), empfiehlt sich zur Rückfahrt nach Zinnowitz.
Jenseits der Bahngleise geht es auf der *Peenestraße* weiter in Richtung Hafen, der nach knapp zwei Kilometern erreicht ist. Die **Hafenanlagen** werden zur Zeit überholt, ein Jacht- und Sportlerhafen soll hier angelegt werden. Aber noch bestimmen die rostigen Fischkutter das Bild. Auf den Schiffen sieht man

Der kleine Hafen von Karlshagen ist der Endpunkt der Radtour von Zinnowitz durch den Küstenschutzwald an den breiten Peenestrom.

bündelweise Holzstangen, die mit schwarzen oder roten Fähnchen bewehrt sind; mit ihnen kennzeichnen die Fischer ihre Netze im Peenestrom.
Der Hafen hat seine eigene Romantik. Manch einer setzt sich auf eine der Bänke, packt seine Stullen aus und genießt die Stimmung, denn Häfen haben immer etwas zu bieten. Mal läuft ein Fischkutter aus, mal legt eine Segeljolle an. Wer mag, unternimmt einen **Schiffsausflug** nach Wolgast, Lauterbach auf Rügen, zur Greifswalder Oie und zur Insel Ruden. Es lohnt sich, auf den *Kaianlagen* ganz hinaus bis an den **Peenestrom** zu gehen. Dem Hafen gegenüber liegen die **Peene-Inseln** Großer Rohrplan (im Süden), Kleiner Wotig und Großer Wotig (im Norden). Die größte Sehenswürdigkeit aber ist der buchtenreiche Peenestrom mit seinen flachen Inseln und Halbinseln.
Für den Rückweg bietet sich eine Fahrt mit der Bäderbahn ab Karlshagen an. Nach drei Stationen ist Zinnowitz erreicht.

Informationen zur Tour

Anfahrt
Mit dem Pkw oder der Bäderbahn bis Zinnowitz

Ausgangsort
Seebrücke in Zinnowitz

Zielpunkt
Hafen in Karlshagen (am Peenestrom)

Rückfahrt
Dieselbe Strecke oder mit der Bahn ab Karlshagen

Fahrradverleih
- Kruggel, Dr.-Wachsmannstraße 5, Zinnowitz, Tel. 038377/2869

Übernachtung unterwegs
Waldhof, Forststraße 9, Trassenheide, Tel. 038371/500

Kinderfreundliche Bewirtung
Restaurant Panorama, Am Strand, Trassenmoor, Tel. 038371/20931

Öffnungszeiten
Naturschutzzentrum Insel Usedom, 17449 Karlshagen, Dünenstraße, Di–So 11–18 Uhr, Tel. 038371/21749

Auskunft
- Kurverwaltung Zinnowitz, Möwenstraße 1, 17454 Zinnowitz, Tel. 038377/2220
- Fremdenverkehrsamt An der Peenemündung, Hauptstraße 36, 17449 Karlshagen, Tel. 038371/20758
- Usedomer Bäderbahn, Tel. 038378/22713

Geeignetes Kartenmaterial
Radwanderkarte Usedom (1:50000), RV-Verlag; Usedom mit Boddenküste (1:75000), nordland

25 Usedom – Von Mölschow über Karlshagen Hafen nach Peenemünde

Tourenlänge
11 km

Durchschnittlicher Zeitbedarf
1,5 Stunden Fahrtzeit

Etappen
Mölschow, Karlshagen Hafen, Peenemünde

Beschaffenheit des Geländes
Brettebene Wiesenlandschaft, Deich, Peenestrom, Seen

Beschaffenheit der Wege
Sehr gute Rad- und Feldwege

Verkehrssicherheit
Hoch

Altersgruppe
Für Kinder ab 7 Jahren geeignet

Günstigste Jahreszeit
Von April bis Oktober

Besondere Ausrüstung
Mückenschutz, Sonnenschutz (fast alle Wege ohne Schatten)

Interessantes am Weg
Peenestrom, Vogelwelt, Seen, Hafen Karlshagen

Wegmarkierung
Die üblichen Radwegweiser

Der Haltepunkt **Bannemin-Mölschow** der **Usedomer Bäderbahn** ist Ausgangspunkt unserer Radtour den Peenestrom entlang über Karlshagen Hafen nach Peenemünde, wo im 2. Weltkrieg Raketen getestet wurden.

Am Haltepunkt Bannemin-Mölschow wenden wir uns rechts und fahren auf dem Radweg nach Mölschow. Am Ende der Zinnowitzer Straße biegen wir am **Kunsthandwerkhof** links ab. Auf einem Betonspurweg, der der zwei Stufen wegen auch »Hosenträgerweg« genannt wird, fährt man in Richtung Peenestrom. Kurz vor dem Deich macht der Betonplattenweg eine scharfe Rechtskurve.
In gehörigem Abstand zum Peenestrom fährt man auf einem guten Betonplattenweg nach *Karlshagen Hafen*. Das Land diesseits des Deichs am Peenestrom ist bretteben und von Entwässerungsgräben durchzogen. Der größte erreicht sogar 7–8 Meter Breite und wird gern von Anglern aufgesucht. Schon von weitem sieht man das hohe Gebäude am Hafen von Karlshagen.
Der **Hafen Karlshagen** liegt wie fast alle Häfen auf Usedom am Peenestrom oder Achterwasser. Häfen an der schnurgeraden Ostseeküste gegen Sturm zu sichern, wäre zu aufwendig gewesen.
Von hier aus kann man **Schiffsausflüge** nach Wolgast und zu den Inseln Greifswalder Oie und Ruden unternehmen.
Wir fahren am hohen Hafengebäude vorbei in die *Peenestraße* und biegen an einer Stromverteilerstation links in den *Radweg nach Peenemünde* ein. Er verläuft ebenfalls am Peenestrom entlang und nähert sich allmählich dem Deich. Hier beginnt der **Naturlehrpfad**, der sich bis zum **Museum Peenemünde** hinzieht. Die Tafeln haben nur zum Teil etwas mit dieser Landschaft zu tun. Unterwegs fallen zu beiden Seiten des Weges Betontrümmer auf, die wie große braune Würfel in der Landschaft herumliegen: Es handelt sich um die Überreste von Bunkern, in denen im Zweiten Weltkrieg V 2-Raketen gelagert wurden, bevor sie hier getestet wurden.

Eine Familie radelt am Peenestrom entlang nach Peenemünde, Geburtsort der Raumfahrt: Vor dem Zweiten Weltkrieg wurden dort die ersten Versuchsraketen getestet.

Man sollte nicht versäumen, ab und zu auf den Deich zu gehen, denn gegenüber liegt Kröslin mit seinem markanten Kirchturm, davor die Insel Großer Wotig.
Auf dem Weg nach Peenemünde kommt man an zwei Seen vorbei.
Der kleinere, die **Piese**, ist ein beliebtes **Anglerparadies**, der größere **Cämmerer-See** lädt zu einer **Seerundfahrt** ein. In Höhe des Cämmerer-Sees hat man vom Deich aus den besten Blick auf den Hafen von Peenemünde, einen Marinestützpunkt.
In **Peenemünde** hat man gleich am Ortsbeginn im Gasthaus »Zur Zwiebel« Gelegenheit zur Einkehr. Wir radeln rechts durch die Hauptstraße und fahren links in die *Bahnhofstraße* zum Museum. In den Wohnblocks rechts der Bahnhofstraße lebten früher Mitarbeiter der Heeresversuchsanstalt Peenemünde. Am Bahnsteig vorbei, sieht man rechter Hand den *alten Friedhof*, in dessen Mitte eine kleine Gedenkkapelle steht.
Sie erinnert an jene, die in Peenemünde als Zwangsarbeiter ums Leben kamen. Ein Stück weiter beginnt das Museum.
In Peenemünde wurden seit Beginn der dreißiger Jahre flüssigkeitsgetriebene Raketen für rein militärische Zwecke getestet mit dem Ziel, eine größtmögliche Menge Sprengstoff möglichst schnell und weit zu transportieren und zur Explosion zu bringen.
Die mit diesem Projekt betrauten Wissenschaftler, unter ihnen Wernher von Braun, waren damals ihrer Zeit weit voraus. Die Raketen wurden denn auch Hitlers Geheimwaffe, mit der er gegen Ende des Zweiten Weltkriegs die Bevölkerung Londons terrorisierte, Antwerpen und Rotterdam beschoß. Man macht sich nur schwer eine Vorstellung, wie riesig das »Unternehmen Peenemünde« war. Es gab ein Kraftwerk, einen Hafen,

große Anlagen zur Gewinnung von flüssigem Sauerstoff und von Alkohol, einen Windkanal, Fertigungshallen, Prüfstände und Raketenbunker. In einem Lager bei Karlshagen lebten Zwangsarbeiter. Mit der sogenannten »A 4« (später »Vergeltungswaffe 2« oder »V 2« genannt) gelang den Pionieren am 3. Oktober 1942 der Durchbruch: Die Rakete erreichte 60 Kilometer Höhe und flog 190 Kilometer weit. Jener Tag gilt als die Geburtsstunde der Raumfahrt. Hitler befahl daraufhin die Massenproduktion.

Im Museum sind Hubschrauber und sowjetische Düsenjäger ausgestellt, außerdem Bomben, Torpedos, Dieselaggregate – kurz alles, was fliegen, krachen, explodieren kann, mit dem historischen Ort aber wenig zu tun hat. In der Multivisionsschau wird Peenemündes Bedeutung für die Raumfahrt gefeiert, daß bei der Massenproduktion im Harz etwa 20 000 Zwangsarbeiter ums Leben kamen, wird nicht erwähnt...

Nach dem Museumsbesuch kann man sich in der Gaststätte im »Feldsalonwagen« auf dem Gelände oder in einem der umliegenden Imbisse stärken und das Gesehene überdenken. Auch an einen Spielplatz für Kinder haben die Museumsarchitekten gedacht. Vom nahen Haltepunkt Peenemünde treten wir die Rückfahrt mit der Bäderbahn an.

Am Imbiß vor dem Museum in Peenemünde informiert ein kleiner Schilderwald die Besucher.

Informationen zur Tour

Anfahrt
Mit dem Pkw bis Mölschow oder mit der Bäderbahn bis zum Haltepunkt Bannemin-Mölschow

Ausgangsort
Zinnowitzer Straße, Mölschow; Haltepunkt Bannemin-Mölschow

Zielpunkt
Peenemünde

Rückfahrt
Mit der Bäderbahn ab Peenemünde

Fahrradverleih
- Paul, Hauptstraße 83, Karlshagen, Tel. 038371/2024
- Schultz, Gartenstraße 6, Karlshagen, Tel. 038371/231-0

Übernachtung unterwegs
Gasthaus »Zur Zwiebel«, Peeneplatz 3, Peenemünde, Tel. 038371/20292

Kinderfreundliche Bewirtungen

Restaurant »Zur Zwiebel«, s. Übernachtung

Öffnungszeiten

Historisch-technisches Informationszentrum, Peenemünde, Bahnhofstraße 28, Di–So 9–18 Uhr, im Winter 10–16 Uhr, Tel. 038371/20573

Auskunft

- Fremdenverkehrsamt Trassenheide, Strandstraße 36, 17449 Trassenheide, Tel. 038371/20928
- Usedomer Bäderbahn, Bahnhof Heringsdorf, Tel. 038378/22713

Geeignetes Kartenmaterial

Radwanderkarte Usedom (1: 50 000), RV-Verlag; Usedom mit Boddenküste (1: 75 000), nordland

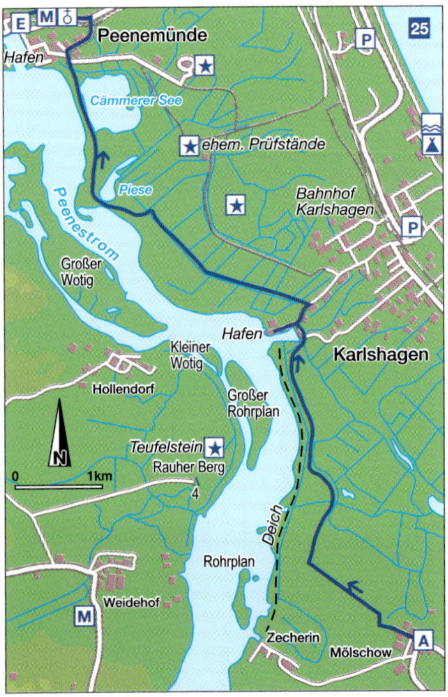

26 Usedom – Von Neeberg oder Krummin auf den Gnitz

Tourenlänge
11 km

Durchschnittlicher Zeitbedarf
1,5 Stunden Fahrtzeit

Etappen
Neeberg, Krummin, Neuendorf, Lütow

Steigung
Bis 30 m

Beschaffenheit des Geländes
Sanfthügelige Landschaft, Steilküste, Wiesen, Äcker und Wald, Schilfufer

Beschaffenheit der Wege
Gute Asphaltstraßen, robuste Plattenwege, Feldwege, einige Pflasterstrecken

Verkehrssicherheit
Hoch, mit Ausnahme des Fahrtbeginns in Mahlzow (siehe Routenbeschreibung)

Altersgruppe
Für Kinder ab 10 Jahren geeignet

Günstigste Jahreszeit
Von April bis Oktober

Besondere Ausrüstung
Evtl. Mücken- und Sonnenschutz

Interessantes am Weg
Jachthafen und Landarbeiterhäuser in Krummin, Landschaft an der Krumminer Wiek, Südspitze Gnitz

Wegmarkierung
Die üblichen Radwegweiser

Die Radtour führt über Neeberg und Krummin auf die Halbinsel Gnitz. Man sollte die Route nur mit Kindern un-

Blick vom Hochufer auf das tiefer gelegene Höftland: Die Südspitze der Halbinsel Gnitz am Achterwasser ist einer der einsamsten Orte auf Usedom.

ternehmen, die im Radfahren Übung haben und längere Strecken gewohnt sind.
So reizvoll die Halbinsel Gnitz auch ist, so schwierig gestaltet sich eine angenehme **Anfahrt**. Wer mit dem Wagen anreist, die Räder auf dem Dach, hat es am einfachsten: Von Wolgast kommend, biegt man hinter der Schloßinsel in Mahlzow rechts nach Neeberg ab. Wer aus Richtung Zinnowitz kommt, kann kurz vor Mahlzow links nach Krummin abfahren. Schwierig ist die Anfahrt mit der Bäderbahn: Man steigt am Haltepunkt Bannemin-Mölschow aus, radelt bis zur Bundesstraße 111, die man – ohne Ampel! – nach Krummin überquert. Durch die schöne, wenig befahrene Lindenallee führt der Weg direkt auf Krummin zu.
Wir haben uns für die erste Variante entschieden und beginnen die Radtour in **Neeberg**. Die Landschaft um den kleinen Ort ist eine eiszeitliche *Grundmoränenlandschaft* mit sanften Hügeln. In Neeberg, einem slawischen Runddorf, überrascht die **ländliche Idylle**: Gänse schnattern, wenn man ihnen nahe kommt, der Dorfkater streicht über die Straße, reetgedeckte Scheunen und alte Gehöfte liegen an der Dorfstraße.
Wir halten uns in Neeberg links und fahren auf der Ashaltstraße weiter nach **Krummin**. Links sieht man die über 140 Jahre alte **Lindenallee**, die sich von der B 111 bis zum ehemaligen Gutsdorf hinzieht (siehe oben, Anfahrt mit der Bäderbahn). Es empfiehlt sich, in **Krummin** die zweite Straße nach rechts zu fahren. Dort gelangt man geradeaus zur **Kirche**. Unmittelbar davor geht es links zum neuen **Jachthafen**, für dessen Bau sich der Pfarrer des Ortes sehr eingesetzt haben soll. Dort kann man in der »Arche« einkehren, einem kleinen Restaurantschiff. Vom Hafen hat man ei-

26
Haltepunkt Bannemin-Mölschow
A
Bannemin
B 111
Mahlzow
B 111
P
Gazberge
26
alte Lindenallee
Großer Strummin-see
P
Krummin
Hafen
Neeberg
Gutskaten
A
Buchberg
24
Neuen-dorf
Kastenberg
Gutshaus
Großsteingrab
Krumminer Wiek
Gnitz
Großsteingräber
Erischowort
Rieke-Stein
P
Lütow
Weißer Berg
32
E
N
0 500 m
Südspitze Gnitz

nen schönen Ausblick hinüber zum *dunklen Gnitz*.
Krummin lohnt einen kleinen Spaziergang. Hier lebten Leibeigene, keine Fischer, wie man wegen der nahen *Krumminer Wiek* meinen könnte. Die alte Lindenallee wurde auf Veranlassung jenes Gutsherrn errichtet, dem Krummin gehörte. Nur drei Bauern konnten sich vor dem Ende der Leibeigenschaft loskaufen, der große Rest fristete ein Leben als Landarbeiter.
Vom Hafen biegen wir rechts in die *Hauptstraße*, dann gleich rechts in einen namenlosen Weg ein. Die Häuser sind winzig, verwinkelt und ein wenig ärmlich, der Weg ist eng. Bald ist der Plattenweg auf dem Deich längs der Krumminer Wiek erreicht. Links erstreckt sich eine brettebene Wiese, rechts ein Meer von Schilf, dahinter die Wiek. Auf halber Strecke steht ein **Schöpfwerk**, das den Wasserstand des Großen Strumminsees reguliert. Der schmale Wasserlauf verlief früher bis zum Achterwasser und machte den Gnitz zur Insel.
Die **Halbinsel Gnitz** ist so etwas wie das Gegenstück zum Lieper Winkel. Während die Westküste des Gnitz von *Endmoränen* besetzt ist, liegen an der flachen Ostküste der ehemaligen Insel Niederungen, Feuchtwiesen und Schwemmland. Der südliche Teil mit dem 32 Meter hohen *Weißen Berg* samt Steilküste und Möwenort, dem vorgelagerten Höftland, wurde unter **Naturschutz** gestellt. Am Steilhang und am Rand des Wacholder-Kiefernwaldes auf dem Höhenzug haben sich seltene Trockenrasengesellschaften angesiedelt. Charakteristisch für den Osten und Süden ist das vorgelagerte flache *Höftland*.
Wir radeln auf dem Deich in Richtung Gnitz. Einige hundert Meter hinter dem Schöpfwerk stehen links im Wald einige schwarze Fischerschuppen. Der zweite Weg nach links ist der bequemere nach Neuendorf. Im Dorf fährt man bei Haus Nr. 3 links, dann rechts durch **Neuendorf**. Das weiße Türmchen rechts der Straße gehört der Freiwilligen Feuerwehr. In **Neuendorf** und auf dem ganzen Gnitz hatte sechs Jahrhunderte lang die Familie von Lepel das Sagen, pommersche Großgrundbesitzer.
Wir fahren in Neuendorf rechts auf der Landstraße nach **Lütow**. Kurz vor dem winzigen Dorf liegt links der Straße, über einen Feldweg erreichbar, ein **Großsteingrab**, das größte auf Usedom. Hinter einer Baumgruppe verborgen, kann man es leicht übersehen. In Lütow biegen wir hinter der neuen Wohnsiedlung rechts ab, an der Autowerkstatt geht es auf holprigem Weg links weiter. Nach hundert Metern halten wir bei »Elke Schwenns Biergarten« an; hier gibt es Eintopf, Kaffee und Kuchen. Der etwas kauzige Wachhund läßt sich gern und lange kraulen. Auf dem Weg weiter erreichen wir nach etwa zwei Kilometern die **Südspitze Gnitz**, ein einsa-

Das ehemalige Gutsdorf Krummin überrascht Besucher durch seine winzigen Landarbeiterhäuser, die stillen Höfe und schiefen Wege.

mer Fleck Erde. Die **Aussicht vom Hochufer** ist ausgezeichnet, auf dem flachen Höftland kann man unmittelbar bis zur äußersten Spitze gehen. Wer die Südspitze Gnitz ganz umrundet, erreicht das Steilufer auf der anderen Seite. Ein Wanderweg führt zum *Campingplatz* hoch, mit dem Rad kommt man dort aber schlecht weiter.
Es empfiehlt sich die Rückkehr auf demselben Weg. Es gilt das Entsprechende wie zur Hinfahrt. Die Landstraße nach Zinnowitz sollte man meiden, sie gilt als Rennstrecke.

Informationen zur Tour

Anfahrt
Mit dem Pkw bis Neeberg, mit der Bäderbahn bis Haltepunkt Bannemin-Mölschow

Ausgangsort
Wie unter »Anfahrt«

Zielpunkt
Südspitze Gnitz

Rückfahrt
Auf derselben Strecke

Fahrradverleih
Hildegard Kruggel, Dr.-Wachsmannstraße 5, Zinnowitz, Tel. 038377/2869

Übernachtung unterwegs
Anfragen an den Fremdenverkehrsverband Insel Usedom e. V., Bäderstraße 4, 17459 Ückenitz, Tel. 038375/7693

Kinderfreundliche Bewirtungen
- Restaurant »Arche«, Hafen Krummin
- »Biergarten Schwenn«, Dorfstraße 17, Lütow, Tel. 038377/40190

Auskunft
- Kurverwaltung Zinnowitz, Möwenstraße 1, 17454 Zinnowitz, Tel. 038377/ 2220
- Usedomer Bäderbahn, Bahnhof Heringsdorf, Tel. 038378/22713

Geeignetes Kartenmaterial
Radwanderkarte Usedom (1:50 000), RV-Verlag; Usedom mit Boddenküste (1:75000), nordland

So schön der Gnitz auch ist - die Landstraßen, Feld- und Plattenwege auf der Halbinsel am Achterwasser fordern vor allem geübte Radfahrer.

27 Usedom – Von Zinnowitz über Koserow zum Loddiner Höft

Tourenlänge
12 km

Durchschnittlicher Zeitbedarf
1,5 Stunden Fahrtzeit

Etappen
Zempin, Lüttenort, Koserow, Streckelsberg, Kölpinsee, Loddin, Loddiner Höft

Steigung
Wenige Steigungen bis zu 40 m

Beschaffenheit des Geländes
Hügeliges Waldgebiet, Steilküste, Strand, Weideland

Beschaffenheit der Wege
Seepromenade, gute Waldwege, Asphaltstraße, Feldwege

Verkehrssicherheit
Hoch

Altersgruppe
Für Kinder ab 7 Jahren geeignet

Günstigste Jahreszeit
Von April bis Oktober

Besondere Ausrüstung
Evtl. Mücken- und Sonnenschutz

Interessantes am Weg
Gedenkatelier Niemeyer-Holstein, Salzhütten, Kirche in Koserow, Streckelsberg, Loddiner Höft

Wegmarkierung
Normale Rad-Wegweiser

Die Route beginnt an der Seebrücke von Zinnowitz. Wer vom Bahnhof Zinnowitz kommt, erreicht über die Neue Strandstraße die Landungsbrücke. Auf der Strandpromenade geht es nach Osten, in Richtung *Zempin*. Längs der Seepromenade stehen stattliche Kurhotels und Pensionen im Stil der *Bäderarchitektur*. Etwa ein Kilometer östlich der Seebrücke wird man durch den *Dänengrund* geleitet, einen Kiefernwald. Etwas abseits vom Strand folgt man den Wegweisern nach *Zempin* und *Koserow*. Auf breiten Waldwegen, gelegentlich von Betonwegen unterbrochen, fährt man durch stattlichen Laubmischwald. Kurz vor Zempin erreicht man links den Zempiner Strand, wo noch alte Salzhütten der Fischer zu finden sind. Vom Strand aus sollte man nicht den Weg durch den Kieferngrund nehmen, sondern wenige Meter landeinwärts radeln, um links in den *Oberförsterweg* einzubiegen und die Wohnsiedlung Zempin zu durchfahren.

Auf dem *Möwenweg* geht es weiter; der Radweg beschreibt einen Rechtsschwenk zum Deich, auf dessen Krone man – parallel zur Bundesstraße 111 und zur Bahnlinie – Lüttenort an der schmalsten Stelle Usedoms erreicht (250 m). Größte Sehenswürdigkeit ist das Gedenkatelier Niemeyer-Holstein auf der anderen Seite der Straße. Bitte Vorsicht beim Überqueren!

Lüttenort war etwa fünf Jahrzehnte Wohnort des Malers Otto Niemeyer-Holstein (1896–1984). Der ganze Ort besteht nur aus den Gebäuden des Gedenkateliers. Der Künstler hatte 1936 einen ausrangierten S-Bahn-Packwagen von Berlin nach Lüttenort geschafft, um den herum er zwei Häuser baute, das Frauenhaus und das Männerhaus. Vom S-Bahn-Wagen ist von außen nichts mehr zu sehen. Im Garten stehen zahlreiche Skulpturen der Malerfreunde Niemeyer-Holsteins, am kleinen Hafen

Lüttenort, Wohnort und Atelier des 1984 verstorbenen Malers Otto Niemeyer-Holstein, hat bis heute einen eigenartigen Zauber bewahren können.

am Achterwasser ist sein letztes Boot aufgebockt. Niemeyer-Holstein war nicht nur ein begnadeter Maler, sondern auch ein Lebenskünstler: Zeitweise lebten er und seine Frau von Schiffsausflügen mit Feriengästen. Von den Bewohnern Koserows nicht ernstgenommen,

»Die Arme hoch, die Arme runter« - eine Lehrerin treibt mit einer Gruppe von Kindern Gymnastik auf dem breiten Sandstrand von Kölpinsee.

konnte der Maler – seine Frau war Halbjüdin – die Nazizeit wie auf einer Oase überleben. Die letzten zwanzig Jahre war Niemeyer-Holstein ein anerkannter Maler, seine in keine Stilrichtung einzuordnenden Gemälde hängen in vielen Museen.

Auf dem Deich erreicht man nach etwa einem Kilometer den Strand von **Koserow**. An der Seebrücke ducken sich hinter den Dünen einige rohrgedeckte schwarze Holzhütten, die sogenannten **Salzhäuser**. Nach 1820 förderte Preußen die Fischer mit steuerfreiem Salz zur Konservierung von Heringen. Für ein Faß mit etwa 1500 Heringen wurden rund 45 Kilogramm Salz benötigt, das in ebenjenen Hütten lagerte. In einer der Salzhütten, **»Uns Fischers Arbeitshütt«** genannt, kann man historisches Fischereigerät besichtigen und viel Interessantes über Usedom erfahren.

Hinter Koserow beginnt eine steigungsreiche Strecke am Fuß des 56 Meter hohen **Streckelsbergs**. Man sollte den kurzen Anstieg zu Fuß nicht scheuen, die Fernsicht nach Wollin und die zahlreichen Ausblicke auf die Steilküste und den Strand hinunter sind diese kleine Mühe wert. An der markantesten Stelle des Berges ragt ein halbgesprengter Weltkriegsbunker gespenstisch in die Luft, steil fällt der unbewaldete Hang zum Strand ab. Es ist deutlich zu sehen, wie stark die See den Hang abarbeitet. Auf dem hochgelegenen Waldweg fahren wir weiter längs der Küste. Bei zwei großen *schwarzen Holzhütten* schieben wir die Räder in einer Rinne die Betontreppe hinunter zur Ortschaft **Kölpinsee**, die erst 1895 gegründet wurde. In Kölpinsee läßt sich einiges unternehmen: Baden, sich an den bunten Fischerbooten freuen, spazierengehen, ins Café

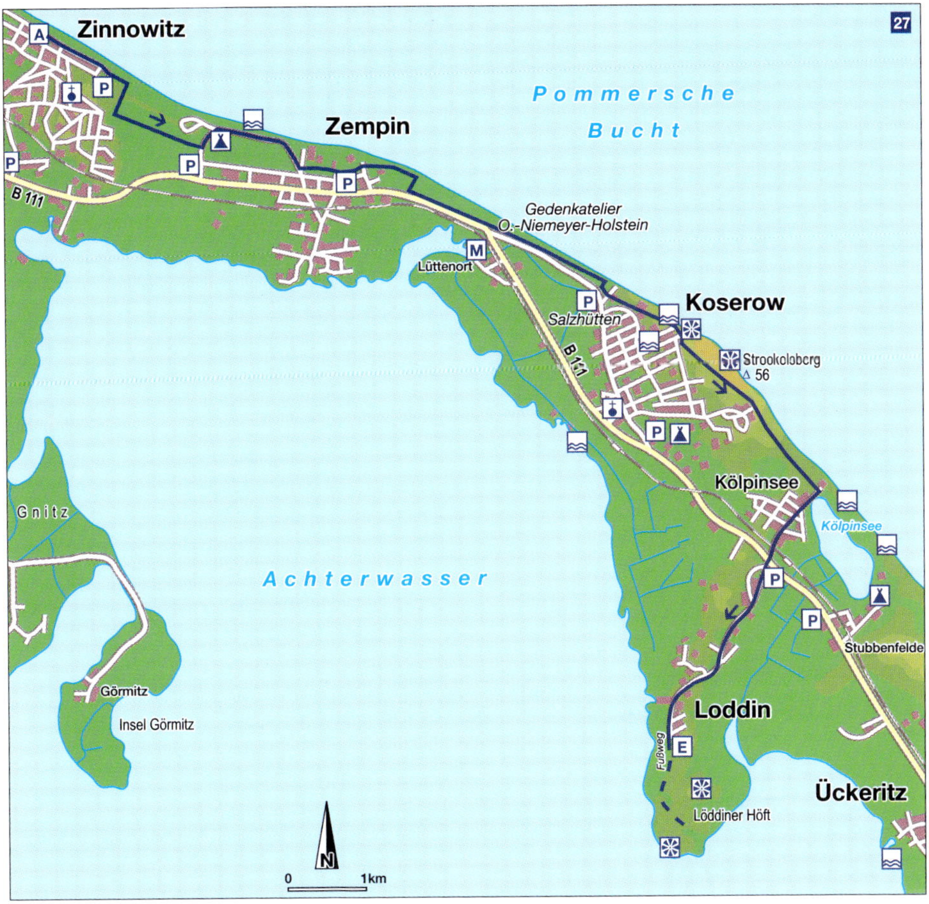

am See einkehren oder die Aussicht auf den Kölpinsee genießen.
Auf der *Strandstraße* fahren wir in *Richtung Bundesstraße*, an der auch der Bahnhof Kölpinsee liegt. An der Ampel läßt sich die stark befahrene Straße in Richtung Loddin gut überqueren.
Gleichgültig, was auf Radwanderkarten steht: Es gibt zur Zeit nur einen akzeptablen Radweg nach **Loddin**, und zwar entlang der *Strandstraße*. Am Dorfplatz angekommen, biegen Sie links ab in Richtung Loddiner Höft, wie man die gesamte Südspitze der Halbinsel nennt.

Etwa in Höhe des Restaurants »Waterblick« – eine Rast auf der Terrasse mit Blick auf das Achterwasser und die Halbinsel Gnitz ist sehr zu empfehlen – sollte man die Räder abstellen, denn der etwa ein Kilometer lange, schmale Weg zur Südspitze ist nur für Wanderer richtig schön. Das etwa 23 Meter hohe Loddiner Höft fällt steil ab zum Achterwasser. An die Kliffkante sollte man nur mit gebührender Vorsicht treten.
Für die Rückfahrt empfiehlt sich eine Fahrt mit der Bäderbahn ab Bahnhof Kölpinsee.

Herzlich Willkommen auf Loddin! Bewohner des Fischerdorfes am Achterwasser haben große Strohrollen als Riesen-Puppen verkleidet.

Informationen zur Tour

Anfahrt
Mit dem Pkw oder der Bäderbahn bis Zinnowitz

Ausgangsort
Seebrücke Zinnowitz

Zielpunkt
Loddiner Höft

Rückfahrt
Auf demselben Weg oder Bahnfahrt ab Kölpinsee

Vorhergehende Abbildung: Der Strand von Heringsdorf.

Fahrradverleih
• Kruggel, Dr.-Wachsmannstraße 5, Zinnowitz, Tel. 038377/2869
• Fahrrad-Ortmann, Bahnhofstraße 4, Koserow, Tel. 038375/7360

Übernachtung unterwegs
»Hotel zur Ostsee«, Strandstraße 14, Kölpinsee, Tel. 038375/20296
• Forsthaus Damerow, Koserow/Damerow, Tel. 038375/ 7337

Kinderfreundliche Bewirtung
Fischrestaurant »Waterblick«, Mühlenberg, Loddin, Tel. 038375/20294
• Gasthof am Achterwasser, Am Achterwasser 4, Loddin, Tel. 038375/ 20637

Öffnungszeiten
• Gedenkatelier Otto Niemeyer-Holstein, Lüttenort, Koserow, Di – So 10, 11, 14 und 15 Uhr, Tel. 038375/20213. Besichtigung nur im Rahmen der zu jeder vollen Stunde stattfindenden Führungen möglich.
• »Uns Fischers Arbeitshütt«, Koserow, Seebrücke, Di – So 10 – 15 Uhr
• Heimatstube, Strandstraße 23, Kölpinsee, Mo – Fr 8 – 12, 14 – 17 Uhr, Di bis 18 Uhr, Sa und So 14 – 17 Uhr

Auskunft
• Kurverwaltung Koserow, Hauptstraße 5, 17459 Koserow, Tel. 038375/20231
• Kurverwaltung Kölpinsee, Strandstraße 23, 17459 Kölpinsee, Tel. 038375/ 20612
• Usedomer Bäderbahn, Bahnhof Heringsdorf, Tel. 038378/22713

Geeignetes Kartenmaterial
Radwanderkarte Usedom (1: 50 000), RV-Verlag; Usedom mit Boddenküste (1: 75 000), nordland

28 Usedom – Von Bansin oder Heringsdorf rund um den Gothensee

Tourenlänge
21 km

Durchschnittlicher Zeitbedarf
2–3 Stunden Fahrtzeit

Etappen
Gothen, Korswandt, Neu Sallenthin

Steigung
Bis zu 30 m

Beschaffenheit des Geländes
Seemulde, waldreiches Hügelland

Beschaffenheit der Wege
Feld- und Waldwege, zum Teil mit sandigen Strecken, Betonwege, Pflasterstrecken

Verkehrssicherheit
Relativ hoch; die Route führt teilweise über schwach befahrene Landstraßen

Altersgruppe
Für Kinder ab 10 Jahren geeignet

Günstigste Jahreszeit
»Storchenzeit« (Juni und Juli), sonst von April bis Oktober geeignet

Besondere Ausrüstung
Ggf. Sonnenschutz- und Mückenschutzmittel

Interessantes am Weg
Storchendorf Gothen, Wolgastsee, Ulrichshorst

Wegmarkierung
Gelbes Dreieck Bansin-Gothen, übrige Strecke grüner Querstrich

Die Radtour führt von Bansin bzw. Heringsdorf um den Gothensee, der als Naturschutzgebiet nicht zugänglich ist. Von den Seebädern Bansin, Heringsdorf und Ahlbeck, den »drei Schwestern«, ist Bansin das jüngste. Der Badeort wurde gegen Ende des 19. Jh. maßgebend von Heringsdorfer Hoteliers aufgebaut. 1897 kamen 380 Badegäste, zehn Jahre später waren es bereits 5000. Der Schriftsteller Hans Werner Richter hat in seinen »Geschichten aus Bansin« das Seebad liebevoll-ironisch geschildert. Für jede der »drei Schwestern« gilt: Auf der Seepromenade radelt es sich vorzüglich von Seebad zu Seebad, unterwegs kann man die Bäderarchitektur begutachten.

Im Osten grenzt Bansin an Heringsdorf. Die futuristisch anmutende Seebrücke ist mit 510 Metern die längste Deutschlands – deutliches Zeichen, daß Heringsdorf an die großen Zeiten vor dem Ersten Weltkrieg anschließen will. Wer im Deutschen Reich Rang und Namen hatte, machte hier Urlaub. Dementsprechend geriet die Architektur etwas zu monumental.

Ohne Strandkorb geht es nicht: Im goldenen Oktober suchen sonnenhungrige Feriengäste am Strand von Heringsdorf Schutz vor dem Ostseewind.

Am breiten Ostseestrand von Bansin findet man einige der kleinen, hölzernen Fischerboote, die noch immer zuverlässig ihren Dienst versehen.

Die Radtour kann man von Bansin oder Heringsdorf beginnen. Man radelt in Bansin durch die *Seestraße* zum Bahnhof (die Einbahnstraße verlangt einen Umweg halbrechts über *Waldstraße*, *Goethestraße* und *Kirchstraße*). Wir überqueren die Ahlbecker Chaussee (B 111, mit Ampel) und radeln am Bahnhof vorbei nach *Bansin Dorf*. Links biegt der Gothenweg ab, unterwegs kommen wir am Restaurant am Gothensee vorbei. Bald ist der Weg »*Am Gothensee*« erreicht, auf dessen sandiger Strecke wir **Gothen** erreichen.

In dem Straßendorf hat »Kreisstorchenhorstbetreuer« Eggebrecht einen **Storchenpark** aufgebaut. Über die Besuche der Vögel hat Herr Eggebrecht gewissenhaft Buch geführt, wie an seiner Scheune an der Dorfstraße zu lesen ist. Wer von Heringsdorf kommt, braucht nicht auf Gothen zu verzichten. Man fährt von der Seepromenade in Höhe der Landungsbrücke in die *Seestraße*, überquert die *Bülowstraße* (B 111) am Fußgängerüberweg, schiebt die Räder hinter dem *Maxim-Gorki-Gymnasium* den Hang hoch und biegt links in den Rennbahnweg nach Gothen ein (*Wm. gelbes Dreieck*). Bahnfahrer wenden sich vom Bahnhof Heringsdorf nach Westen und biegen in den Waldbühnenweg ein, der zum Rennbahnweg führt (links halten). Der *Rennbahnweg* kreuzt die Bahnlinie und führt in einem Rechtsbogen nach Gothen.

Mit fünf Quadratkilometern Fläche ist der **Gothensee** das größte Gewässer Usedoms. Im Süden schließt sich der **Thurbruch** an, ein kultiviertes Waldgebiet, heute Weideland. Gothensee und Thurbruch liegen in einem *Gletscherzungenbecken*, das rundum von *Endmoränen* begrenzt ist. Der nur knapp zwei Meter tiefe See ist mit Röhrichtinseln durchsetzt und verlandet immer mehr. Am Gothensee brüten Hauben- und Schwarzhalstaucher, Graugänse und Höckerschwäne. Seeadler werden gelegentlich auf Nahrungssuche gesehen. Bitte denken Sie daran: Der See ist **Naturschutzgebiet**!

Wir verlassen Gothen und biegen hinter dem Dorf rechts in den Wald ab. Durch Buchenwald erreichen wir **Korswandt**. Im Hotel »Idyll am **Wolgastsee**« an der

Hauptstraße kann man auf der Terrasse sitzen und gut essen. Auf der Hauptstraße geht es weiter in Richtung *Ulrichshorst*. Man sollte hier auf dem Fußweg radeln; am Ortsende kann man bei Haus 1 a rechts abbiegen, um links – sicher – nach Ulrichshorst zu gelangen (dort rechts halten).
In **Ulrichshorst** lebten im 18. Jh. die Kolonisten, die den Thurbruch entwässerten. Es ist ein typisches *Zeilendorf*. Rechts der Dorfstraße stehen die schmucken *Traufenhäuser* der Bauern, gegenüber liegt der weite Thurbruch. Zwischen den Wohnhäusern sieht man ab und zu feldsteinerne, rohrgedeckte Scheunen, eine Bäuerin treibt ein Schock Gänse über die Straße, der Dorfkater streicht um die Scheunenecke – hier gehen die Uhren anders …
Durch die weite Niederung des Thurbruchs fahren wir nach *Reetzow*. Die Straße ist zwar wenig befahren, das Tempo der Wagen ist aber zügig. Links und rechts der Straße erstrecken sich lange Entwässerungskanäle. Vor uns ist der Höhenzug der *Endmoränen* gut zu erkennen, die den Thurbruch begrenzen.

Auf dem schönen Abhang liegt **Reetzow**, wo man als Radfahrer sofort die Aufmerksamkeit sämtlicher Gänse und Hunde erregt. Jenseits von Reetzow geht es in hügeliges Endmoränengebiet, man muß tüchtig in die Pedale treten. Auf der Anhöhe von **Neu Sallenthin** lädt das Restaurant »Bergmühle« zu einem Besuch ein. Die Aussicht auf den Gothensee ist hier durchaus reizvoll, aber es kommt noch viel schöner: Wir radeln eine kurze Strecke weiter in Richtung Dorf Bansin und biegen links in einen Feldweg ein, der bergauf führt. Die Anhöhe heißt **Sieben-Seen-Berg**, einer der schönsten Aussichtspunkte Usedoms. Im Westen sieht man den Großen und den Kleinen Krebssee, dahinter den Schmollensee, im Rücken liegt der Gothensee, dahinter der Wolgastsee, im Süden der Kachliner See, im Norden, bei Bansin, erkennt man den Schloonsee.

Zurück auf der Landstraße, erreichen wir **Bansin Dorf**. Jenseits der Bahngleise liegt das **Seebad Bansin.**

Informationen zur Tour

Anfahrt

Mit der Bäderbahn bis Bansin oder Heringsdorf

Ausgangsort

Strandpromenaden bzw. Bahnhöfe in Bansin bzw. Heringsdorf

Zielpunkt

Fahrt rund um den Gothensee

Fahrradverleih

Arbeit, Fischerweg, Am Sportplatz, Bansin, Tel. 038378/32109; Oesterreich, Wilhelm-Pieckstraße 67, Heringsdorf, Tel. 038378/22313

Übernachtung unterwegs

- Hotel zur Post, Seestraße 5, Bansin, Tel. 038378/29220
- Hotel Idyll am Wolgastsee, Korswandt, Tel. 038378/22116

Kinderfreundliche Bewirtung

Restaurant Bergmühle, Nr. 20, Neu Sallenthin, Tel. 038378/29241

Auskunft

- Kurverwaltung Bansin, Waldstraße 5 c, 17429 Bansin, Tel. 038378/29433
- Kurverwaltung Heringsdorf, Seebrücke, 17424 Heringsdorf, Tel. 038378/2451

Geeignetes Kartenmaterial

Radwanderkarte Usedom (1: 50 000), RV-Verlag; Usedom mit Boddenküste (1: 75 000), nordland

29 Usedom – Von Ahlbeck oder Heringsdorf zum Wolgastsee

Tourenlänge
7,5 km (mit Fahrt um den See)

Durchschnittlicher Zeitbedarf
1 Stunde Fahrtzeit

Etappen
Korswandt

Steigung
Einige starke Steigungen (bis zu 50 m)

Beschaffenheit des Geländes
Hügelreicher Wald, Seenlandschaft

Beschaffenheit der Wege
Gute Rad- und Waldwege

Verkehrssicherheit
Sturzgefahr bei starkem Gefälle (bis zu 8 Prozent) auf Radwegen mit Rollsplitt; Achtung beim Überqueren der Landstraße Ahlbeck-Korswandt am Wolgastsee

Altersgruppe
Für Kinder ab 7 Jahren geeignet

Günstigste Jahreszeit
Hochsommer, sofern Baden im Mittelpunkt steht, sonst von April bis Oktober geeignet

Besondere Ausrüstung
Rad mit Gangschaltung und guten Bremsen

Interessantes am Weg
Buchenwald auf Stauchendmoränen

Wegmarkierung
Roter Querstrich bis Korswandt, grüner Punkt rund um den Wolgastsee

Diese Radtour führt von Ahlbeck landeinwärts bis Korswandt, von dort rund um den Wolgastsee. Man soll-

Wahrzeichen von Usedom: Die Seebrücke von Ahlbeck mit dem rotgrünen Dach des Restauranthauses blieb als einzige der alten Landungsbrücken erhalten,

te die kurze Strecke bis Korswandt nicht unterschätzen: Acht Prozent Steigung auf mehreren hundert Metern Strecke wollen bewältigt sein. Dafür ist die Fahrt rund um den Wolgastsee eher etwas zum Entspannen, vom Baden und Bootfahren einmal abgesehen.

Ahlbeck machte sich vor den Weltkriegen einen Namen als Badeort des bürgerlichen Mittelstandes. Das Dorf geht zurück auf eine Mühle am Aalbach, der Thurbruch entwässerte. Oberforstmeister von Bülow, Eigentümer des Gutes Gothen, verkaufte Anfang des 19. Jh. sein Land am Aalbach an Fischer und gab damit dem kleinen Dorf neuen Auftrieb. Im Jahre 1852 trafen die ersten Badegäste ein: die beiden Töchter des Gutspächters Holtz aus Stolpe samt Gouvernante.

Zehn Jahre später kamen schon 314 Badefreudige nach Ahlbeck. Das Fischerdorf entwickelte sich schnell zu einem beliebten Volksbad. 1898 wurde die **Seebrücke** samt Pavillon aus Holz mit vier Türmchen und Zeltdach errichtet. Die Aufbauten – das Zeltdach wurde durch eine Holzkonstruktion ersetzt – blieben erhalten, was die Seebrücke einzigartig an der deutschen Ostseeküste macht. Mit ihrem Restaurant mit rotem Dach und vier grünen Türmchen wurde sie zum **Wahrzeichen Usedoms**. Über die Geschichte Ahlbecks kann man sich in der **Heimatstube** im ältesten Ortsteil informieren. Man erkennt auf alten Plänen die Lage von »adlig Ahlbeck« und »königlich Ahlbeck«, erfährt, wo die historische Mühle stand (ungefähr beim Bäcker Blunk) und sieht die alte Seebrücke im Modell – so wie sie 1890/92 aussah.

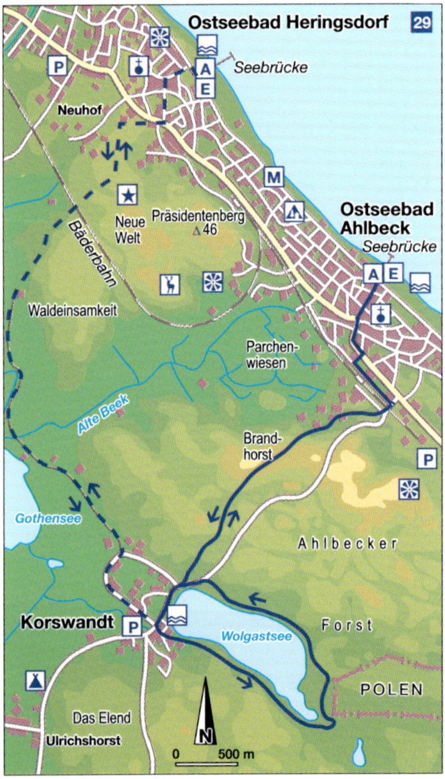

Start der Radtour ist der Bahnhof Ahlbeck.

Wer mag, kann auch von Bansin oder Heringsdorf herüberkommen: Man radelt auf der *Strandpromenade* von Bansin oder Heringsdorf nach Ahlbeck; Hinweisschilder markieren den für Radler zugelassenen Weg.

Kurz vor der Ahlbecker Seebrücke biegt man an der Pizzeria von der Strandpromenade in die *Seestraße* ein, schwenkt halbrechts in die Friedrichstraße, biegt links in die *Kaiserstraße* ein, dann rechts erneut in die Seestraße. An der *Lindenstraße* (B 111) angekommen, hält man sich links. Hinter der Kurve liegt rechter Hand der Bahnhof. (Von Heringsdorf kann man auch auf einem Waldweg nach Korswandt am Wolgastsee fahren – siehe Tour 28.)

Vom Bahnhof Ahlbeck radeln Sie nun nach links auf der holprigen Straße mit dem Namen *»Siedlung am Bahnhof«* bis zur Straße nach Korswandt, biegen rechts ab und schwenken jenseits der Bahngleise auf den Hohlweg ein, den Radweg nach *Korswandt*.

Gleich zu Beginn kommt die größte Herausforderung: Acht Prozent Steigung auf langer Strecke. Auf breitem Radweg geht es durch einen wunderschönen Mischwald, zum größten Teil Buchenwald.

Die Hügel sind **Endmoränen** – von den Gletschern der letzten Eiszeit zusammengeschobene Geröll- und Schuttmassen. Der Weg beschreibt mehrere scharfe Kurven, doch der breite Weg bergab nach Korswandt ist nicht zu verfehlen. Beim ersten Haus biegen wir links ab und schwenken vor der *Landstraße* rechts in einen *Radweg* ein. Nach kurzer Strecke muß man die stark befahrene Landstraße überqueren; Schilder fordern hier zum Absteigen auf. Drüben

Von Korswandt aus unternehmen Ausflügler gern eine Fahrt zum Wolgastsee an der polnischen Grenze, um den ein gut ausgebauter Weg herumführt.

geht es auf dem Radweg weiter bis zum Hotel und Restaurant »Idyll am Wolgastsee«, das besonders auf Radwanderer eingestellt ist.

Unterhalb der Terrasse befindet sich der **Bootsverleih**. Seit 1898 werden hier Boote verliehen, erzählt der Inhaber stolz und präsentiert zum Beweis historische Ansichtskarten. Auch am Bootsverleih sitzt man gut bei Kaffee und Kuchen. Dreißig Meter weiter liegt die kleine Badestelle am Wolgastsee.

Um den Wolgastsee führt ein 3,4 Kilometer langer **Rundweg** durch den Wald. Er hat so gut wie keine Steigung und bietet viele Rastmöglichkeiten. Man kann auf ihm gut Radfahren, aber auch Spazierengehen. Empfehlenswert ist die Umrundung im entgegengesetzten Uhrzeigersinn – da hat man die einzige verkehrsreiche Strecke erst ganz am Schluß. Den größten Teil des Wegs sieht man den stillen See durch die Bäume blitzen, nur im Osten entfernt sich der Rundweg ein Stück vom See und verläuft durch sandigen Grund. Wenn Ihnen dort Beamte des Bundesgrenzschutzes begegnen, wundern Sie sich nicht: Die **Grenze zu Polen** ist am Ostufer keine 200 Meter entfernt. Der Grenzverlauf beschreibt hier eine Haarnadelschleife nach Westen. Der freundliche Bootsverleiher kennt den Grund: »Am Ende des Zweiten Weltkriegs fiel Swinemünde mit seinem Seehafen an Polen. Damit die Versorgung mit Wasser gesichert war, kam auch das Swinemünder Wasserwerk zu Polen, das ein wenig außerhalb liegt«.

Am Ende des Rundwegs muß man leider die stark befahrene Landstraße überqueren. Wenn man zurück zum Hotel »Idyll am Wolgastsee« will, fährt man fünfzig Meter auf der Landstraße, schwenkt rechts auf den Radweg, überquert wie bei der Anfahrt ein zweites Mal die Landstraße, um links auf dem Radweg weiterzufahren. Wer nach Ahlbeck zurückfahren möchte, biegt jedoch von der Landstraße rechts ab, nach fünfzig Metern beginnt rechts der Radweg nach Ahlbeck. Nicht vergessen: Nach Ahlbeck geht es am Ende steil bergab!

Informationen zur Tour

Anfahrt
Mit der Bahn oder dem Pkw bis Ahlbeck; ggf. mit dem Pkw bis Korswandt

Ausgangsort
Seebrücke bzw. Bahnhof Ahlbeck

Zielpunkt
Korswandt, Wolgastsee

Rückfahrt
Auf demselben Weg

Fahrradverleih
Willert, Dünenstraße 40, Ahlbeck, Tel. 038378/30092; Tiegs, Hauptstraße 11, Korswandt

Übernachtung unterwegs
- Pension Feldmann, Dünenstraße 56, Ahlbeck, Tel. 038378/28124
- Hotel »Idyll am Wolgastsee«, Korswandt, Tel. 038378/22116

Kinderfreundliche Bewirtung
Hotelrestaurant »Idyll am Wolgastsee«, Tel. 038378/22116

Öffnungszeiten
Heimatstube Ahlbeck, Talstraße 13, Di 9–11, 14.30–16.30 Uhr, Mi 9–11.30 Uhr, Do 17–19 Uhr, Fr und Sa 14.30–16.30 Uhr, Tel. 038378/28103

Auskunft
Kurverwaltung Ahlbeck, Dünenstraße 45, 17419 Ahlbeck, Tel. 038378/24414

Geeignetes Kartenmaterial
Radwanderkarte Usedom (1:50 000), RV-Verlag; Usedom mit Boddenküste (1:75 000), nordland

30 Usedom – Von Korswandt nach Kamminke

Tourenlänge
8 km

Durchschnittlicher Zeitbedarf
1–2 Stunden Fahrtzeit

Etappen
Krebssee, Garz, Kamminke

Steigung
Erhebliche Steigungn (bis zu 50 m)

Beschaffenheit des Geländes
Hügelreiches Waldgelände, Seen, sanfthügeliges Wiesenland, Steilufer, Kleines Stettiner Haff

Beschaffenheit der Wege
Gute Waldwege, Plattenwege

Verkehrssicherheit
Hoch, mit Ausnahme der B 110 bei Garz

Altersgruppe
Für Kinder ab 7 Jahren geeignet

Günstigste Jahreszeit
Von April bis Oktober geeignet

Besondere Ausrüstung
Räder mit Schaltung und guten Bremsen

Interessantes am Weg
Wald, Krebssee, Kirche in Garz, Gedenkstätte Golm

Wegmarkierung
Roter Querstrich

Diese landschaftlich sehr reizvolle Radtour führt von Korswandt am Wolgastsee über Garz bis Kamminke am Kleinen Stettiner Haff.
Beginn der Fahrt ist der Parkplatz neben dem Hotel »Idyll am Wolgastsee« in

Korswandt. In Kamminke empfiehlt sich ein Schiffsausflug nach Swinemünde, Wollin oder Ueckermünde.
Wir fahren in Korswandt vom Parkplatz neben dem Hotel Idyll am Wolgastsee auf der Hauptstraße eine kurze Strecke in Richtung *Ulrichshorst*, beim »Hotel Pirol« biegen wir links ab und halten uns an der Gabelung rechts in *Richtung Garz*. Bergan geht es auf einem breiten Radweg durch wunderschönen Buchenwald. Die hügelreiche Landschaft ist eiszeitlich geprägt: Die gestaffelten Hügel sind gestauchte *Endmoränen*, also Geröll- und Schuttberge, die durch aufeinanderfolgende Vorstöße der Gletscher entstanden. Etwa auf halbem Weg nach Garz biegt rechts ein Weg zum nahen Krebssee ab. An dem still gelegenen Gewässer läßt sich gut rasten.
Unterwegs nach Garz ist Vorsicht angebracht: Auf dem abschüssigen *Rollsplittweg* sollte man nicht zu schnell fahren. Beim Überqueren der Landstraße nach Garz ist es ratsam, abzusteigen. Wir folgen dem Radweg nach links, radeln durch die Lücke des ehemaligen Bahndammes und erreichen Garz.
Bedeutendste Sehenswürdigkeit des 1242 erstmals erwähnten Dorfes ist die turmlose, aus Feld- und Backsteinen gemauerte spätgotische Kirche am Ende der Dorfstraße. Die einzige Glocke hängt in einem schwarzen Glockenstuhl vor dem Eingang. Mitten im Kirchenraum hängen zwei alte Votivschiffe.
Auf der Hauptstraße weiter nach Kamminke zu radeln, empfiehlt sich nicht. Am besten, wir fahren von der Kirche zurück ins Dorf und biegen – aus Rich-

Die alte Kirche von Garz ist ein beliebtes Ziel für Radler, die einen Ausflug von den Seebädern nach Kamminke am Kleinen Stettiner Haff unternehmen.

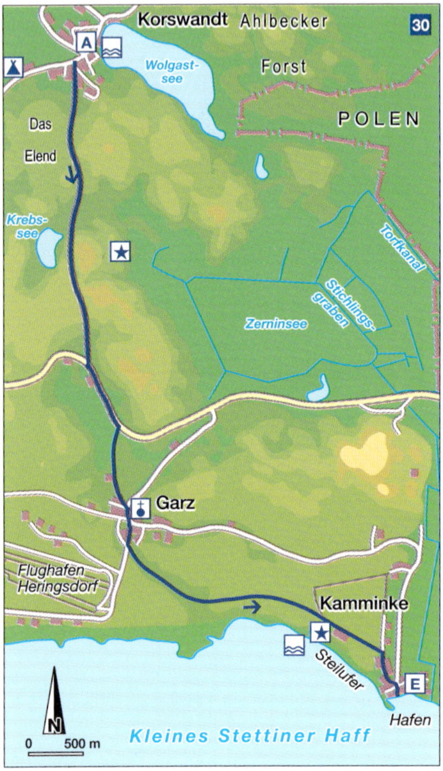

tung Kirche links – in die breite Betonstraße zum *Flughafen Heringsdorf* nach Süden ab. Nach etwa 150 Metern fahren wir wiederum links in die *Kleine Haffstraße*, an deren Ende der ausgesprochen schöne Radweg nach Kamminke beginnt. Dieser Weg führt durch eine weite Talmulde auf dem Rücken des Hochufers. Sanftgewellte Wiesen, kleine Hügel mit reizvollen Aussichten auf das *Kleine Haff* und das dunkle Waldgebiet des *Golms* sowie kleine Waldstreifen wechseln einander ab. Man sollte sich Zeit nehmen für die Wegstrecke nach Kamminke, an der auch Rastplätze liegen.
In **Kamminke** läßt sich ebenfalls eine schöne Aussicht genießen: Man blickt linker Hand weit nach *Polen* hinein, gegenüber blinkt das *Kleine Haff*. Wir fahren geradeaus und rollen vorsichtig die steile, recht schmale Bergstraße ins Dorf hinunter, die zu beiden Seiten von kleinen Fischerhäusern gesäumt ist. Durch die Dorfstraße nach rechts erreichen wir den **Hafen**.
Kamminke am Stettiner Haff liegt unmittelbar an der polnischen Grenze, die etwa 500 Meter östlich der langgestreckten Dorfstraße verläuft. Zahlreiche Fischerboote im kleinen Hafen verraten, daß die Bewohner früher meist dem Fischfang auf dem Haff nachgingen, weniger der Landwirtschaft. Eine graue Fischerfigur erinnert an jene, die auf dem Haff ihr Leben ließen. Die Adler-Reederei lädt zu **Ausflugsfahrten** nach Wollin, Swinemünde und Ueckermünde ein. Bei rauhem Wind und schlechtem Wetter, weißgrauen Wolkentürmen und schrillem Möwengeschrei ist hier schon mancher in eine »Endzeitstimmung« verfallen: Man fühlt sich in dem Winkel zwischen Steilküste, deutsch-polnischer Grenze und der weiten Wasserfläche des Haffs zuweilen wie am Ende der Welt.
Im Restaurant »Haffblick« in der Wieckstraße, bekannt für seine großen Portionen, kommt man wieder auf andere Gedanken. Empfehlenswert ist auch die **Minigolfanlage** an der Dorfstraße.
Ein Spaziergang über die Dorfstraße ist bei fast jedem Wetter angenehm.
Die kleinen Fischerhäuser am Steilhang mit den schönen Holztüren und den schläfrigen Usedom-Katzen davor, die winzigen Höfe und Gärten mit den bellwütigen Wachhunden haben ihren eigenen Charme. Etwa in der Mitte der langen Dorfstraße, bei der »Kaffeestube Kellerberg«, biegt eine kurze Asphaltstraße zum Golm ab, mit 69 Metern die

In Kamminke am Kleinen Stettiner Haff gehen die Uhren anders: Für Usedom typische Katzen spielen vor einer Haustür an der Bergstraße.

höchste Erhebung Usedoms. Auf dem Weg dorthin sieht man halbrechts die Hochhäuser von Swinemünde, heute Świnoujście.

Am Nordosthang des Golm, einer eiszeitlichen Endmoräne, liegt ein fossiles Kliff, das den Höchststand des *Litorina-Meeres* vor 8000 Jahren markiert, des Vorgängers der Ostsee. Seit Ende der letzten Eiszeit ständig bewaldet, ist der Golm Standort zahlreicher seltener Waldgesellschaften: An den Osthängen wachsen unter Rotbuchen und Bergulmen Scharbockskraut und Mittlerer Lerchensporn, im Nordosten Rotbuchen mit Waldschwingel und Großem Gabelzahn. In höhlenreichen Altbäumen leben Fledermaus und Dohle, Waldkauz und Hohltaube. Inmitten dieses Naturschutzgebietes erinnert eine Gedenkstätte an eine Katastrophe des Zweiten Weltkriegs.

Am 12. März 1945 bombardierten Flugzeuge der Alliierten das Ostseebad Swinemünde. Bei dem Luftangriff kamen etwa 25 000 Menschen ums Leben, zum größten Teil Flüchtlinge aus Ostpreußen. Die meisten der namenlosen Toten wurden auf dem Golm bestattet. Holzkreuze markieren die Massengräber sowie die Gräber von Marineangehörigen, Soldaten und zivilen Kriegsopfern.

Für die Fahrt zurück empfiehlt sich derselbe Weg.

Informationen zur Tour

Anfahrt
Mit dem Pkw bis Korswandt bzw. Anfahrt mit dem Rad von Ahlbeck, Heringsdorf oder Bansin (s. Tour 29)

Ausgangsort
Wolgastsee bei Korswandt

Zielpunkt
Hafen von Kamminke

Rückfahrt
Auf demselben Weg

Fahrradverleih
Tiegs, Hauptstraße 11, Korswandt

Übernachtung unterwegs
Hotel »Idyll am Wolgastsee«, Korswandt, Tel. 038378/22116

Kinderfreundliche Bewirtungen
Restaurant »Haffblick«, Wieckstraße, Kamminke, Tel. 038376/363

Öffnungszeiten
Gedenkstätte auf dem Golm zu jeder Zeit

Auskunft
Adler-Reederei, Friedensstraße 13, Heringsdorf, Tel. 038378/31278

Geeignetes Kartenmaterial
Radwanderkarte Usedom (1:50 000), RV-Verlag;

Allgemeine Informationen

Kilometerangaben und Öffnungszeiten
Die Kilometerangaben beziehen sich auf die im jeweiligen Titel angegebene Route. Der Rückweg ist also meist nicht enthalten.
Öffnungszeiten betreffen, wenn nicht anders angegeben, die Hauptsaison. Im Zweifelsfall gibt der betreffende Fremdenverkehrsverein Auskunft.

Welches Rad ist das Richtige für ein Kind?
Eine Gangschaltung erleichtert auch Ihrem Kind das Radfahren. Der Sattel sollte so hoch sein, daß das Kind im Sitzen mit den Zehenspitzen den Boden erreichen kann. Seitliche Stützräder bieten nur eine vermeintliche Sicherheit. Ein farbiger Wimpel erleichtert anderen Verkehrsteilnehmern, radelnde Kinder zu erkennen. Ein Helm schützt bei Stürzen, der Helm selbst sollte dicht am Kopf anliegen, ohne zu drücken.

Wann ist ein Kind in der Lage, eine Radtour zu bewältigen?
Kinder verwenden anfangs ihre ganze Konzentration auf das Radfahren selbst. Die Balance ist dabei naturgemäß das größte Problem. Auch wenn das Kind Vertrauen in seine Fähigkeit gewonnen hat, bleibt der Vorgang des Radfahrens doch recht beherrschend. Das Kind ist dann noch nicht in der Lage, auf das Verkehrsgeschehen zu achten. Sobald ein Kind sicher radelt, ist es irgendwann offen für das Verkehrsgeschehen, kann Erfahrungen sammeln, den Verkehr einschätzen lernen. Bis dahin sind Sie es, die auf Ihre Sprößlinge achtgeben müssen!

Wann können Kinder eine Radtour von 15 oder 20 Kilometer Länge bewältigen? Eine wichtige Frage, wenn Eltern mit den Kleinen radeln wollen.

Radfahr-Übungen für Kinder

Sobald ein Kind eine Linie entlangfahren und eine Acht sicher radeln kann, angemessen abbremsen sowie ein Hindernis umfahren kann, ist es in der Lage, an einer Radtour teilzunehmen. Bis es soweit ist, sollte man mit Kindern üben, etwa auf einem leeren Parkplatz: zum Beispiel mit Kreide eine lange Linie ziehen, an der das Kind entlangfährt, der Erwachsene stellt sich als »Hindernis« auf, das das Kind umfahren soll, mit Steinen eine Slalomstrecke anlegen, die schwierige »Acht« üben usw.

... unterwegs mit Kindern

Das Kind sollte zwischen den Erwachsenen fahren oder vor einem Erwachsenen. Übrigens verlangt die Straßenverkehrsordnung, daß Kinder bis zum vollendeten achten Lebensjahr auf dem Gehweg radeln müssen.

Radpflege

Das sensibelste Teil des Rads neben den Reifen ist die Kette. Laub, Zweige und Halme sollte man sofort aus der Kette entfernen, vor allem aus Kettenschaltungen. Die Kette sollte immer leicht gefettet sein. Im Regen verliert sie sämtliches Öl, nach dem Trocknen beginnt sie zu rosten, leiert aus und ist bald nicht mehr zu gebrauchen. Ketten, die Öl brauchen, sind »laut«, sie knirschen.
Reifenpannen passieren meist dann, wenn ein spitzer Gegenstand sich nach und nach durch den Reifenmantel bohrt. Reifen mit kräftigem Profil sind weniger anfällig für Pannen.

Planung und Radtransport

Touren mit dem Fahrrad wollen geplant sein!

• Ist die Route in der Länge angemessen?
• Könnte die Strecke Kinder vielleicht überfordern? Sind Steigungen dabei, die zu anstrengend sind, ist Sonnenschutz nötig?
• Gibt es unterwegs Gaststätten?

Vor allem aber muß bedacht werden, wie man zurückkommt. Rundtouren lassen sich an der Ostseeküste oft nicht verkehrssicher planen, nicht immer kann man mit der Bahn zurückfahren. Räder auf dem Autodach sind nicht immer eine Lösung. Wann immer die Bahn in eine Tour integriert werden konnte, wird bei der Beschreibung darauf hingewiesen.

Verkehrsbestimmungen

Es gibt Wege, die sich Radler mit Fußgängern teilen, wobei Radfahrer als die Schnelleren den Fußgängern ausweichen sollten.
Das Schild »Radler auf weißem Grund in rotem Kreis« bezeichnet ein Radfahrverbot; man findet es oft auf Strandpromenaden, wo Radler nicht gern gesehen werden.

Fahrradverleih

In allen wichtigen Feriengebieten gibt es ausreichend Fahrradverleiher. Die Kurverwaltungen und Fremdenverkehrsvereine helfen gern bei der Vermittlung. Man sollte beim Verleiher die Räder ausprobieren, also Bremsen, Reifen, die Höhe des Sattels prüfen. Gewöhnlich vereinbart man den Zeitpunkt der spätesten Rückgabe; am besten, man läßt sich die Telefonnummer des Verleihers geben.

Ausrüstung und Proviant

Man sollte beim Radfahren auf einen schweren Rucksack verzichten, für Gepäck ist der Gepäckträger da. Es gibt außerdem Gepäckträgertaschen, die

Paradies für alle Radler an der mecklenburg-vorpommerschen Ostseeküste: Die Insel Hiddensee, deren Wege für den allgemeinen Kfz-Verkehr gesperrt sind.

sich bei Bedarf als Rucksack benutzen lassen.
Regenschutz ist ein »Muß«, ferner Heftpflaster, Luftpumpe und Flickzeug samt Schraubenschlüssel.
Im Hochsommer sollte man stets Getränke mitnehmen. Der Körper braucht bei Hitze enorm viel Flüssigkeit; man sollte regelmäßig trinken. Denken Sie außerdem an Insekten- und Sonnenschutz und Pflaster.
Wie bei jedem Sport gilt hier die Regel: Mit vollem Magen radelt es sich nicht gern. Daher sollte man unterwegs eher wenig essen, die große Mahlzeit auf das Ende der Tour legen.

Hotels und Pensionen

Die Fremdenverkehrsvereine vermitteln kinderfreundliche Hotels. Die meisten der Restaurants im Tourengebiet sind ohnehin auf Familienbesuch eingestellt, bieten Kinderteller an, nicht wenige haben sogar einen Spielplatz. Im Freien erübrigt sich die Frage der Abwechslung für Kinder meist, denn viele Restaurants liegen strandnah oder an einem See.

... und dann regnet es

Ab einer bestimmten Stärke des Regens radelt niemand mehr aus freien Stücken. Dann ist die Sicht eingeschränkt, Wege werden zu Schlammstrecken. Wohl dem, der sich in einer Wanderhütte unterstellen kann oder sich in ein Restaurant setzen kann.
An der Küste gilt die goldene Regel: Das Wetter ändert sich oft sehr schnell; was eben noch wie Landregen aussah, ist oft nach zwei, drei Stunden weitergezogen.

Kontakt

- Allgemeiner Deutscher Fahrrad-Club (ADFC), Bundesgeschäftsstelle, Postfach 10 77 47, 28077 Bremen,
Tel. 0421/34629-0,
Fax 0421/34629-50
- Allgemeine Wettervorhersage vom Deutschen Wetterdienst (DWD) für Mecklenburg-Vorpommern,
Tel. 0190/116415

Im Hafen von Kirchdorf auf der Insel Poel.

Ortsregister

Kursive Ziffern verweisen auf Abbildungen, geradestehende auf Textstellen.

Kartensymbole

Kloster

Klosterruine

Kirche, Münster

Leuchtturm, Turm

Schloß, Burg

Schwimmbad, Bad

A Anfang der Tour

E Ende der Tour